Michael Andrick

Erfolgsleere

VERLAG KARL ALBER A—

Michael Andrick

Erfolgsleere

Philosophie für die Arbeitswelt

Verlag Karl Alber Freiburg / München

Michael Andrick

Empty success

Philosophy for the world of work

To be successful in the world of work, ambition and focus are required. Questions about the wider meaning and significance of human pursuits have no place in the workplace.

Industrial society can mould human beings into bland, interchangeable functionaries. They then exercise the same dull professionalism in banking as in the manufacture of bombs.

What are the origins of this »world of workplaces« that we inhabit? How does it function? Why are we at the same time fascinated, enthralled, and stultified by ambition? Why should we resist the takeover and domination of our entire life by our career? How can philosophy enable us to maintain our own, personal way of life amidst the all-engulfing conformism of industrialized existence? These are the questions of this philosophy for the world of work.

The Author:

Michael Andrick, born 1980, né Krause, studied in Germany and England. He attained his PhD in Philosophy from the Free University of Berlin in 2010. Since 2006, he works for large corporations, most recently for three years in a leadership role in the USA. He lives in Berlin with his wife and three daughters.

Michael Andrick
Erfolgsleere
Philosophie für die Arbeitswelt

In der Arbeitswelt Erfolg zu haben verlangt, sich rational und ehrgeizig zu verausgaben. Die Sinnfragen bleiben zu Hause, Eigensinn und Ideale schleifen sich ab. Die Industriegesellschaft kann Menschen zu charakterlosen Funktionären machen. Sie leiten dann mit derselben stummen Professionalität eine Schule oder eine »Investmentbank«, stellen ebenso fleißig und loyal Bücher oder Bomben her.

Wie sind unsere Arbeitswelten entstanden – und wie funktionieren sie? Warum fasziniert, fesselt und verdummt uns der Ehrgeiz? Warum sollten wir uns gegen die Durchformung unseres Daseins durch die Karriere wehren? Und wie ermöglicht es das Philosophieren, sich eine eigene Lebensweise zu bewahren? Das sind die Fragen der Philosophie für die Arbeitswelt.

Der Autor:

Dr. Michael Andrick (geb. Krause), Studium in Deutschland und England. 2010 Promotion in Philosophie (FU Berlin). Seit 2006 in Großunternehmen tätig; u.a. drei Jahre als Führungskraft in den USA und als Digitalisierungsmanager in Deutschland. Mit seiner Frau und drei Töchtern lebt er in Berlin.

4. Auflage 2021

© VERLAG KARL ALBER
in der Verlag Herder GmbH, Freiburg / München 2021
Alle Rechte vorbehalten
www.verlag-alber.de

Coverfoto: © peterschreiber.media – AdobeStock
Satz: SatzWeise, Bad Wünnenberg
Herstellung: docupoint GmbH, Barleben

Printed in Germany

ISBN (Print) 978-3-495-49096-9
ISBN (PDF) 978-3-495-82022-3
ISBN (EPUB) 978-3-495-82026-1

Inhalt

1. Das Rätsel unserer Normalität _____ 11
2. Handwerk des Lebens _____ 20
   Der Zeitgeist __ 20
   Wertvorstellungen __ 23
   Sich selbst erzählen __ 28
   Philosophieren ist das Handwerk des Lebens __ 30
   Was ist Moralität? __ 33
   Die Entstehung unserer Lage __ 36
3. Moralität und Anpassung _____ 41
   Mitglied werden und selbständig bleiben __ 41
   Die stille Macht des Nachdenkens __ 44
   Wie Funktionäre ums Leben kommen __ 47
   Wie Menschen am Leben bleiben __ 56
4. Die Ordnung des Ansehens _____ 61
   Unsere Selbstverständlichkeiten
      und ihre Vorgänger __ 62
   Der Druck von Jahrhunderten __ 68
   Sprachfindungsstörung __ 72
   Das Gehäuse des Ehrbegriffs __ 76
   Respekt als Autoritätskult __ 81
   Zugesprochene Persönlichkeit __ 84
   Soziale Navigation __ 86

5. Erlösung im Erfolg? _____ 92
   Ablenkungsstress __ 94
   Karriere als Standardidentität __ 97
   Lauwarme Erlösung und Funktionärsreligion __ 98
   Mythos des Erfolgs __ 104
   Würde des Profits __ 111
   Die pseudomoralische Fassade des Betriebs __ 114

6. Arbeitswelt statt Wirklichkeit _____ 119
   Arbeitswelt, oder: Ein Teil spielt Ganzes __ 120
   Der Weg in die Teilwelten-Welt __ 124
   Verdrängung des Wirklichen __ 129
   Rationalität und Vernunft __ 132
   In der Wirklichkeit leben __ 135

7. Professionalität und Führung des
   »Humankapitals« _____ 140
   Professionalität als befreiender Gehorsam __ 143
   Führung als Veränderungskunst __ 151
   Wer kann führen? __ 154
   Moralische Tücken der Veränderung __ 158
   Die moralische Dauerkrise
      der Führungskraft __ 163
   Das Alibi des Relativismus __ 169

8. Ehrgeiz und Erstarrung _____ 177
   Die Wahrheit sagen __ 178
   Annäherung an den Ehrgeiz __ 182
   Die Leere der Ehre __ 184
   Ehrgeiz ist pseudomoralischer Wahnsinn __ 189
   Das übliche Verhängnis __ 195
   Der eigene Ausweg __ 202

Die Gefahr, dass die Maschinen die Menschen verwandeln, ist nicht besonders groß; größer ist die Gefahr, dass gleichzeitig mit den Maschinen verwandelte Menschen auf die Welt kommen werden: Menschen wie Maschinen, die Impulsen gehorchen, ohne die Möglichkeit zu haben, diese auf ihre Art zu untersuchen.
Harry Mulisch

Man ist zu – mir fällt kein anderes Wort ein – ein zu großes Massentier geworden ... Ja, ein Massentier, ein Gewohnheitstier; man ist – hat man Befehl bekommen, hat man automatisch die Hacken zusammengeschlagen und »Jawohl!« gesagt.
NS-Kriegsverbrecher Adolf Eichmann;
aus Prozessprotokollen zitiert bei Harry Mulisch

Kannst du dir selber dein Böses und dein Gutes geben und deinen Willen über dich aufhängen wie ein Gesetz?
Friedrich Nietzsche

Rebecka – Ich danke Dir von ganzem Herzen für Deine immense Geduld mit mir und meinen exzentrischen Vorhaben. Und für den Buchtitel!

Ich verwende in diesem Buch durchgängig die männliche grammatische Form zur Bezeichnung aller Menschen.

1. Das Rätsel unserer Normalität

Warum geschieht in der Welt so vieles, das die einzelnen Menschen *je für sich* verabscheuen und bedauern? Diese Frage sprang mich als Jugendlicher aus den Büchern und aus den Nachrichten an; seitdem blieb sie immer bei mir. Als ich dann ins Berufsleben eintrat und Familienvater wurde, stellte sich immer bestimmter eine gewisse Ahnung ein: Irgendwie *muss* die richtige Antwort auf meine Frage nach dem Rätsel unserer Normalität damit zu tun haben, was unsere Arbeitswelt mit uns anstellt. Ich beschloss also mir klarzumachen, was im Arbeitsleben genau mit uns passiert. Das Ergebnis ist ein Buch für jeden, der Arbeiten geht. Es begann als ein längerer Tagebucheintrag; es wurde eine Philosophie für die Arbeitswelt.

Am Anfang steht Verwunderung über mich selbst und über uns. In der industrialisierten Welt führen wir heute ein Alltagsleben, das auf der Entrechtung und körperlichen Ausbeutung von Menschen (als »Human Resources«) und auf der planmäßigen Zerstörung des Ökosystems beruht. Wir zahlen Spottpreise für die Spielzeuge unseres Konsumzeitvertreibs und für die Kellner- und Laufburschenstaffage unserer Pauschalurlaube an den Küsten der Ozeane und an den Trögen der Frühstücksbuffets. Die Rechnung für unsere immense »Kaufkraft« wird an den verlängerten Werkbänken der westlichen Staaten, im »Globalen Süden« der Ausgebeuteten, für uns beglichen – nicht in Geld, sondern in menschlichem Leid, in Perspektivlosigkeit und Verzweiflung.

Eine parteilich-koloniale Handels- und Subventionspolitik der reichen Länder stellt diese Verhältnisse auf Dauer, wann immer nötig mit der Gewalt des Militärs und des Finanzsystems. In den Routinen unseres Arbeitslebens bespielen wir das so bereitete Feld und freuen uns kollektiv in den Abendnachrichten, wenn der Gesamtumsatz dieser »Weltwirtschaft« Jahr um Jahr wächst. Es ist nicht so, dass die menschengemachte Maschine der Industriegesellschaft unsere Mitmenschlichkeit überwältigt hätte. Aber wir werden sehen, dass sie die Ansprache unserer mitmenschlichen Solidarität stark erschwert hat.

Wir sind erstaunliche Kulturwesen; die Besatzung eines beliebigen U-Bahnabteils in unseren Städten bringt jeden Tag die unterschiedlichsten Dinge unter den einen Hut unserer Zivilisation. In der Summe vieler kleiner Handlungen exekutieren wir in der industrialisierten Welt jeden Tag einen gewissenlosen Betrieb, der menschliches Leid und die sich entfaltende ökologische Katastrophe routiniert ignoriert. Was hat nicht alles in der Normalität unserer Industriegesellschaften Platz?

Blicken wir uns um. Wir verbreiten irreführende Propaganda zum Schutz von Profiten etwa in der Tabak-, Öl- oder Zuckerindustrie; wir verwenden generell einen großen Prozentsatz unserer gesamten Wirtschaftstätigkeit auf systematisches Aufbauschen und Irreführen (Marketing) und überfluten dabei z. B. Kleinkinder mit Werbung für gesundheitsschädliche »Lebensmittel«, die sie umsatzsteigernd früh chronisch krank machen; wir produzieren Personenminen, die dann weniger Soldaten töten als spielende Kinder verstümmeln; wir erfinden Papiere, mit denen wir auf den Wertverfall genau der Papiere spekulieren, die wir unseren eigenen Bankkunden gestern noch als Geldanlage verkauft haben, und vernichten dabei deren Ersparnisse; jüngst in den Vereinigten Staaten von Amerika, Großbritannien und der Türkei (und früher auch in Deutschland) fälschen wir »Beweise« zur Rechtfertigung von Angriffskriegen, die hunderttausende Unschuldige töten, vertreiben und sie Folter und Vergewaltigung aussetzen, um den Zugang zu Rohstoffquellen zu sichern und die heimische Militäroligarchie zu pflegen; wir fahren als einzelne Personen in tonnenschweren Blechkonstruktionen mit Verbrennungsmotoren durch die Gegend; wir nutzen nie verrottende Wegwerfprodukte für alltägliche Mahlzeiten und geben das Plastik damit den Fischen der Meere zu fressen; wir subventionieren unsere Agrarprodukte so, dass Bauern in ärmeren Erdteilen konkurrenzunfähig werden, und lassen die oft vor diesem Elend Flüchtenden in unseren Grenzmeeren ertrinken, während wir die Überlebenden mit Grenzzäunen aus Rasierklingen willkommen heißen; wir machen mancherorts Gesundheitsvorsorge zu einem Geschäft und lassen deshalb unzureichend reiche Menschen einfach bankrottgehen und verrecken, wenn sie krank werden usw.

Das ständige »wir« in diesen Ausführungen kann beleidigend wirken, aber halten wir das für den Moment einmal aus: Viele Ergebnisse *unserer* Zivilisation sind eben grauenvoll. Manche Phänomene können wir vielleicht abnorm grausamen Einzelnen, verbrecherischen Politikern und der Imperialpolitik der gerade herrschenden Großmächte zuschreiben. Aber die meisten dieser Missstände bringen wir selbst durch unsere Arbeit und durch unser Konsumverhalten mit zustande. Und wir autorisieren unsere Repräsentanten dazu, sie fortzuschreiben – sei es im Einzelfall auch nur aus Lethargie, Desinteresse und Ignoranz. Alle oben genannten Praktiken sind in unserer Gesellschaft als unterschiedliche Ebenen der Politik- und Erwerbsarbeit etabliert oder stellen legales Freizeitverhalten dar.

Deshalb entsprechen den aufgeführten Tatbeständen auch an jeder Stelle Berufsbezeichnungen, die in den westlichen Gesellschaften vollkommen »seriösen« Status haben: Public Relations Berater, Marketingexperte oder Vertriebsstratege, Wehrtechnikingenieur und Rüstungsmanager, Anlageberater oder Investmentbanker, President of the United States, Sicherheitsdienstleister, Autoingenieur, Bauernverbandsvertreter, Innen- oder Heimatminister, Reisekaufmann usw. Diese Berufe werden fast nie von Verbrechern ausgeübt, und doch erzielen sie im Zusammenspiel ihrer unterschiedlichen »Arbeitswelten« mit bürokratischer Zuverlässigkeit beschämende Ergebnisse.

Aber wie? Wie erreicht die Industriegesellschaft unseren Konformismus – unser praktisch vorbehaltloses Tun zu allen nur möglichen Zwecken? Denn *wir* üben die gerade aufgeführten Berufe aus. *Wir* betreiben die Industriegesellschaft, die diese katastrophalen Ergebnisse hervorbringt, in der vagen und behaglichen Einbildung, für das Elend der Welt selbst unzuständig zu sein. Dabei sind wir offenkundig allein dafür zuständig; es gibt außer dem Menschen kein moralisches Wesen auf der Erde, das Verantwortung tragen kann. Wie verbergen wir unser tatsächliches Tun also vor uns selbst und voreinander? Wie machen wir einander das, was wir über uns selbst und unser Tun doch wissen, alltäglich unbewusst, so als lebten wir in einer moralischen Anästhesie? Dies ist das Rätsel unserer Normalität.

Und diese Normalität ist nicht kürzlich entstanden, sie ist eine langsam gewachsene geschichtliche Gemengelage. Auf den jüngeren Etappen dieser Entwicklung im 20. und 21. Jahrhundert stechen Kriege, Völkermorde und Vertreibungen nur als Inseln besonders intensiver Vernichtung hervor. Die Antwort auf die Frage, wie unser heutiger, individueller Konformismus des Alltags möglich ist, muss deshalb auch ein neues Licht auf diese Geschichte werfen. Sie verschafft uns einen neuen Zugang auch zu Fragen wie diesen: Wie waren die gnadenlosen, zynisch kalkulierten Ver-

Das Rätsel unserer Normalität

nichtungsfeldzüge gegen unschuldige Menschen möglich, auf deren furchtbare Serie unser Schulunterricht bloß einige wenige Schlaglichter wirft? Wie konnte eine Wirtschaftsordnung über die Welt verbreitet werden, die auf schnellstmöglichem Verbrauch von Rohstoffen basiert – und die damit rational kalkuliert die Umwelt zerstört und radikale Ungleichheit produziert?

Mit dieser knappen Skizze unserer rätselhaften Normalität haben wir einen gewaltigen Erklärungsbedarf in den Raum gestellt. Wer so drastisch »A« sagt, der muss nun auch »B« sagen. Wir müssen herausfinden, wie diese Lage des Großen und Ganzen entstehen konnte, die sich für uns westliche Wohlstandsmenschen dabei so unverschämt annehmlich anfühlt – und wir müssen verstehen, was diese Lage für unser persönliches Leben bedeutet. Ein naheliegender Ansatzpunkt dieser Klärung wäre, die Überlegungen *historisch* anzulegen. Der Geschichtsforscher will zum Beispiel wissen, wie genau bestimmte Verbrechen begangen worden sind und welche speziellen Umstände sie jeweils erlaubt oder befördert haben. Irgendwann einmal sozial akzeptierte Verbrechen – genau wie die, die heute Teil unserer globalen Normalität sind – werden in einen weiteren Zusammenhang gestellt und so mehr oder minder nachvollziehbar gemacht.

Dieses Buch will dagegen philosophisch an das Rätsel herangehen und es aufklären. Wir werden hier und da zwar historische Geschehnisse ansprechen, aber unsere leitende Frage lautet *nicht*, wie genau etwas historisch geschehen ist. Die uns interessierende philosophische Frage ist, ob die typischen Muster des Geschehens eine eigene Logik zu erkennen geben. Wir suchen das *Prinzip* unserer rätselhaften Normalität, ihre treibenden Motive, Denk- und Verhaltensmuster – und deren Ursprung. Auf Grundlage welcher bekannten Kräfte und ihres Zusammenwirkens sind die dramatischen Missstände unserer Normalität *zu erwarten?* Inwiefern haben die unmenschlichen Aspekte der Industriegesellschaft ebenso System wie mancherorts die pünktliche Auszahlung ihrer Sozialleistungen? Wie sind wir in dieses System einbezogen, wie können wir uns vor seiner Gewissenlosigkeit bewahren, und wie können wir es verändern?

Eine philosophische Nachforschung entwickelt sich bei mir immer aus einigen mehr oder minder verknüpften Anfangsvermutungen, gepaart noch mit einer bohrenden Neugierde oder Empörung – in jedem Fall gibt es eine Art Klärungswut, die mich antreibt. Die konkrete Mischung von Annahmen, Ahnungen und Absichten, die dieses Buch motivieren, ergibt sich aus den »Erfahrungszutaten« meines Lebens. Ich will sie kurz erwähnen, weil sie etwas Licht auf den Stil und die inhaltlichen Schwerpunkte dieses Textes werfen. Ich stecke als Manager in einem typischen Berufsleben und habe dabei den untypischen Studienhintergrund von Philosophie und Geschichte. Deshalb kenne ich die gnaden- und ausweglose Langeweile sinnloser Abstimmrunden unter Kollegen ebenso wie die nicht minder drückende Langeweile verquaster Seminare zu Platon und Hegel; ich kenne aber auch den Spaß an guter Zusammenarbeit in gelingenden Projekten der Wirtschaft und die Faszination einer Seminardiskussion, in der die Studenten tatsächlich etwas von Bedeutung einsehen.

Mein Alltag ist geprägt von rationaler Arbeit im Betrieb mit meist klaren Zielvorgaben, aber meine Ausbildung ist vernünftiges Nachdenken abseits aller Zielvorgaben (Philosophie). Ich habe mich deshalb an der intellektuellen Aufarbeitung von weit gefassten Fragen ebenso versuchen können wie an der pragmatischen Auflösung wirtschaftlicher Probleme. So habe ich aus eigener Anschauung etwas über die Strukturen und Kräfte gelernt, die dabei in unseren Institutionen jeweils im Spiel sind. Die begriffliche Gymnastik des Philosophiestudiums, die ich einmal eifrig absolviert habe, prägt mein Nachdenken genauso wie meine Erfahrungen als Führungskraft. Meine Hoffnung ist es, dass sich auf dieser Grundlage ohne Fachjargon und Fremdworthagel ein neues Licht auf unsere Welt aus Arbeitswelten werfen lässt. Versuchen wir es also.

Dazu treten wir zunächst einen Schritt zurück von den einleitenden Bemerkungen; wir nehmen den nötigen Anlauf und machen eine Folge von Gedankenschritten, die zusammengenommen ein geschärftes Verständnis unserer Gegenwart ergeben. Es ist nicht so, dass wir »den Faden« der Anfangsdiagnose nun »fallenlassen«, um ihn dann einige Kapitel später »wieder aufzunehmen«. Im Gegenteil: Wir sehen uns nun die Fasern an, aus denen dieser Faden gesponnen ist, dessen Gewebe unsere Wirklichkeit wurde.

Die begrifflichen Mittel, mit denen wir die Machart und das Muster dieses Gewebes klarer erkennen können, erarbeiten wir uns schrittweise. Dabei spielen unterschiedliche Aspekte der Anfangsbetrachtung zum Rätsel unserer Normalität laufend eine Rolle; es geht aber gerade am Anfang dieses gedanklichen Wegs auch um die Einführung einiger philosophischer Grundüberlegungen. Mit ihnen im Rücken können wir die gesuchte Logik unserer verhängnisvollen Normalität dann Zug um Zug herausarbeiten.

Kapitel 2 und 3 bilden eine kurze Einführung in die lebenspraktische Bedeutung der Philosophie für jeden, der in Gesellschaft lebt. Besonders wichtig ist mir dabei der Nachweis, dass Philosophieren *keine* abgehobene Expertentätigkeit ist, sondern eine natürliche Tätigkeit jedes Menschen. Der vierte Abschnitt zeigt historisch, wie die Logik von Ansehen und Status entstanden ist, die den Alltag in unseren Industriegesellschaften bestimmt und unser Verhalten strukturiert. Dann geht es in vier Kapiteln um unterschiedliche Aspekte unseres Lebens in Arbeitswelten: Um die eigentümliche Art von Erlösung, die das rationale Streben nach Erfolg uns zu verschaffen scheint (»Erlösung im Erfolg?«); um die Distanz zur Wirklichkeit, in die wir dabei geraten (»Arbeitswelt und Wirklichkeit«); um das Wechselspiel von Professionalität und Führungshandeln, das den charakteristisch limitierten menschlichen Umgang in unseren Institutionen prägt (»Professionalität und Führung des ›Humankapitals‹«) – und schließlich um den Ehrgeiz, der die Karrieren antreibt und der sich bei näherer Analyse als eine bestimmte Art von Wahnsinn erweisen wird (»Ehrgeiz und Erstarrung«).

Der schrittweise Aufbau der Überlegung ist nicht einfach nur nützlich zur Auflösung des Rätsels unserer Normalität. Er entspricht auch der lebensphilosophischen Aufgabe, vor der jeder einzeln steht. Ob man zu einem zufriedenen Eigensinn seiner Lebensführung gelangen kann oder nicht, hängt stark davon ab, wie man sich seine Lebensumstände *vorstellt*. Und die Gegenwart, in der ein Mensch sich findet, ist immer komplizierter, als er verstehen kann.

Erlittene Schmerzen und durchfieberte Euphorie, der fadenscheinige Flickenteppich unserer Erinnerung, das Eintauchen in unsere (papiernen oder digitalen) Filterblasen Gleichgesinnter, schließlich noch die halb verdauten, halb vergessenen Wissensbrocken unserer Schulzeit – all das macht uns zwar zu dieser oder jener bestimmten Person. Es führt uns aber sicherlich nicht auf einen *objektiven*, d. h. den Dingen und Menschen gerechten Standpunkt der Betrachtung und Beurteilung. Dazu kommt, dass es die Gegenwart und ihre großen und kleinen Machthaber sind, die Posten und Sicherheiten zu verteilen haben. Wir haben deshalb einen starken Anreiz, die gegenwärtigen Verhältnisse

Das Rätsel unserer Normalität

als »die Lösung« oder »das Richtige« zu akzeptieren – da wollen wir nicht in erster Linie fragen, mäkeln, unser Verständnis schärfen. Wir wollen mitmachen dürfen.

Es ist deshalb unrealistisch zu meinen, dass wir unsere eigene Gegenwart einfach so verstehen und sie realistisch betrachten. Trotzdem müssen wir uns selbst im Zusammenhang unserer Gegenwart begreifen. Denn wer sich auf den Weg machen will, muss erstmal herausfinden, wo er eigentlich gerade ist. Um sich seine Umgebung richtig vorzustellen, ist ein Ausgriff in die Vergangenheit und ein gezielter Umweg über das Nachdenken nötig; man muss sich bewusst *ein Bild machen*, um eingeschliffene »Kurzschlüsse« und Vorurteile hinter sich zu lassen. Im Verlauf des Buchs greifen wir deshalb immer wieder gewohnte Begriffe und Denkweisen auf, durchleuchten sie und verwenden sie *in etwas anderem Sinne* weiter. Das macht ein wenig Arbeit, aber Aufklärung ist eben Arbeit – wie ja auch ein gelingendes Leben in Arbeit besteht; in der Arbeit an sich selbst im Lichte der Erfahrung.

2. Handwerk des Lebens

Der Zeitgeist

Nähern wir uns der Philosophie von der Sprache, also von ihrem Werkzeug und Medium her. Unsere Sprache ist die Wohnung unserer Gedanken und Gefühle. Die Zimmer, Flure und Erker dieser Wohnung sind uns vertraut. Wir haben sie aber nicht selbst entworfen und gebaut, sondern uns einfach in ihnen eingelebt. Manche Aussichten und Einblicke macht der Grundriss unserer Sprache uns leicht. Andere Erkenntnisse aber sind uns wie durch Mauern verstellt, weil unsere Sprache uns keine Begriffe und Bilder anbietet, mit denen wir diese Einsichten zu fassen bekommen könnten.

In ihrer Gesamtheit betrachtet enthält unsere Sprache ein bestimmtes Bild der Wirklichkeit. Zum Beispiel zeigt uns eine Erkundung unseres Gebrauchs großer Worte wie »Freiheit« oder »Recht«, was wir uns unter Freiheit und Recht eigentlich konkret vorstellen. Aber es sind ebenso sehr Analysen »kleinerer« Sprachgewohnheiten, die unser gewohntes Weltbild und seine kleinen Absurditäten aufdecken können. Zum Beispiel nennen wir uns selbst »Arbeitnehmer« und die Institution, die uns beschäftigt, »Arbeitgeber«. Dabei ist es genau umgekehrt, wie Friedrich Engels einmal anmerkt: *Wir geben* gegen Geld unsere Arbeitskraft einer Institution, *die Institution nimmt* unsere Arbeit entgegen. Wir sind die Arbeitgeber; Unternehmen, Verwaltungen und viele andere Einrichtungen sind die

Arbeitnehmer. Diese Einsicht verstellt uns die gewohnte Sprache.

Jeder unserer Sätze baut auf die ganze Wirklichkeit, die unsere Sprache *als Ganze betrachtet* darstellt; jeder Satz führt uns an einen festen Punkt in den Grenzen dieser Weltsicht. Wie wir unsere Worte zu setzen gelernt haben zeigt, in welcher geistigen Wohnung unser Denken, Fühlen und Tun sich eingerichtet hat. Der Grundriss unserer Sprache zeigt deshalb den Zeitgeist unserer Gegenwart. Der Zeitgeist sagt uns, wer wir sind, wie wir in die Welt und unter andere Menschen passen und was wir zu erwarten haben. Er regiert die Welt durch unser Denken, Sprechen und Tun. Zum Beispiel macht der Zeitgeist uns glauben, wir seien (zum Dank verpflichtete?) Arbeitnehmer und andere die (großzügigen?) Arbeitgeber. »Ein Wort an die Stelle eines anderen setzen heißt, die Sicht der sozialen Welt zu verändern und dadurch zu deren Veränderung beizutragen« (Pierre Bourdieu).

Nachdenken heißt, gegen den Zeitgeist Einspruch einlegen. Eine Frage stellen bedeutet eigentlich, den Aufstand gegen unsere Sätze proben: gegen den Anspruch ihrer vorgeblichen Tatsachen auf unseren Glauben und unsere Gefolgschaft. Fragen ist das Innehalten im Sprechen und Denken, die Unterbrechung des normalen Gangs der Dinge am Geländer des Zeitgeistes zugunsten des Nachdenkens. Viele Fragen stellen heißt, den Aufstand gegen die ganze Weltsicht unseres Zeitgeistes proben.

Mit diesem Nachdenken erst fangen wir an, als Personen zu existieren und nicht bloß als Resultat unserer Lebensumstände. Nachdenken ist die Selbstbehauptung des Geistes gegen die Gewohnheit, die uns in ihrer Gewalt hat. Anders gesagt: Erst Fragen und Nachdenken macht dieses empfindende Ich, in dem alle möglichen Wahrnehmungen aufkommen, sich regen und wieder schwinden, zu mir selbst. »Persönlichkeit (…) ist das einfache, beinahe automatische Ergebnis von Nachdenklichkeit« (Hannah Arendt).

Um selbst zu leben – d. h. nach eigener Regel und nicht einfach als menschgewordener Ausdruck unserer Zeit –, müssen wir der Regierung des Zeitgeistes unseren persönlichen Freiraum abringen. Viele schaffen dies ohne besondere Anstrengungen und Grübelei, einfach durch eine gute Fügung ihrer Erfahrungen und Begegnungen: Sie erleben in der Familie, dass sie gewollt und geliebt sind, und so entwickeln sie ein sicheres Gefühl dafür, wer sie als Erwachsene werden wollen, und gehen ihren Weg mit Kraft, Sicherheit und Ruhe. Es zeigt sich ihnen mit der Zeit, wofür es sich zu arbeiten lohnt; was andere sagen und wollen, ist für sie zwar interessant, aber nicht entscheidend. Viele aber haben dieses Glück nicht – etwas stört ihre Kreise oder fehlt in ihren Kreisen, das ihnen diese ruhige Selbstbestimmung geben könnte. Ein leitendes Gefühl für Sinn und Richtung ihres Lebens stellt sich nicht ein, sondern es stellt sich vielmehr eine Frage: Was ist mit mir, dass ich so bin und nicht zufrieden mit mir selbst werde?

Um dieser Frage beizukommen, um zu uns selbst zu kommen, brauchen wir eine Erklärung unseres Zeitgeistes – eine Philosophie unserer Gegenwart, die uns sagt, wie wir gelernt haben zu denken, zu sprechen und zu leben, wie wir es jetzt tun. Erst auf dieser Grundlage können wir dann selbst fragen, nachdenken und handeln, um unserer Gesellschaft einen eigenen Lebensweg und auch, zusammen mit anderen, eine eigene Politik abzutrotzen. Haben wir keine Philosophie unserer Gegenwart, so spricht aus uns allein der Zeitgeist. Wir leben dann als Marionetten der Vergangenheit und vielleicht, wenn wir ehrgeizig sind, als die Puppenspieler der Gegenwart, ohne aber dabei zu uns selbst zu kommen. Beginnen wir deshalb unsere Überlegungen am Ziel des philosophischen Nachdenkens, bei uns selbst.

Wertvorstellungen

»Zu sich selbst kommen« – das klingt so, als wäre das Selbst schon da, wie ein besonders kostbarer Gegenstand in unserem Seelenhaushalt, und man müsste sich ihm nur zuwenden, nachdem man den Unfug gewisser Ablenkungen einmal eingesehen hat. So ist es aber nicht. Mein Selbst ist nicht schon da, und es ist deshalb verkehrt zu meinen, man könne sich einfach etwas mehr darauf konzentrieren, um auf den »rechten Weg« zu kommen. Wir sagen zwar alle »Ich«, aber kein Ich ist ohne weiteres auch gleich ein Selbst.

Erst das von sich selbst erzählende Ich macht das Selbst; mein Selbst ist die *Geschichte* davon, wer ich bin. Nur in diesem Sinne ist es »schon da«: Ich kann es mir wie einen Schattenriss aus meiner Erinnerung wieder und wieder zeichnen, jedes Mal ein wenig anders. Diese Erzählung bedeutet alles. Sie zeigt meine Vorstellung davon, was meine Mühe lohnt, auf welchem Weg mein Leben mir gelingt und wie es mir entgleiten könnte. Meine Geschichte ist nur im stillen Gespräch des Nachdenkens und im vertrauensvollen Austausch mit anderen lebendig; sie ist Ausdruck meiner Wertvorstellungen und hat keinen Maßstab, kein Richtmaß außer diesen. Auf die Wertvorstellungen einer Person kommt für ihr Leben alles an, denn sie leiten ihre Bestrebungen, sie begründen ihre Ängste und bestimmen ihre Ambitionen.

Ich stelle mir dabei das Wertvolle, auf das es uns im Leben ankommt, als *abwesend* oder zumindest undeutlich vor – deshalb spreche ich von Wert*vorstellungen* anstatt einfach von Werten. Diese spezielle Wortwahl zeigt an, dass ich den Wert gewisser Dinge, gewisser Verhaltensweisen und Einstellungen, nicht direkt und sicher erkenne. Ich stelle mir nur vor, sie hätten einen Wert. (Eine Ausnahme bildet allein, was ich *liebe*; dazu mehr ganz am Ende des Buchs.) Diese Schwierigkeit mit Wert*vorstellungen* ist nicht nur mein persönliches Problem; dass ich so zu reden und zu denken gewohnt bin, bringt vielmehr ein bestimmtes *Wissen* unserer Kultur zum Ausdruck.

Betrachte ich nur mich selbst, so meine ich zu wissen, welchen Dingen ich Wert beimesse und warum. Aber vom Standpunkt eines anderen Menschen aus betrachtet kann diese, kann *meine* Überzeugung nüchtern nur als Wert*vorstellung* betrachtet werden. Denn es fällt tatsächlich unterschiedlich aus, was unterschiedliche Menschen als Wert erkannt zu haben meinen. Wir leben also mit der Schwierigkeit, dass unsere subjektiven Einsichten in das Wertvolle ständig durch die Werturteile anderer Leute in Frage gestellt werden. Diese Anderen urteilen dabei in gleicher Weise wie wir selbst aufgrund ihrer speziellen Lebenserfahrung. Wir können diese Unterschiede erkennen, sofern wir in derselben geistigen Wohnung, in derselben Sprache beheimatet sind wie die Anderen; aber es bleiben echte, substantielle Unterschiede.

Aus dieser Wirklichkeit lernen wir, von unseren *Wertvorstellungen* zu reden und sie damit schon, jeder möglichen Diskussion vorauseilend, zu relativieren. Wir sprechen von unseren Werten, also davon, worauf es uns im Leben ankommt, und wir stellen sie zugleich in Frage. Keinem anderen bedeutenden Begriff, mit dem wir uns in der Welt orientieren, tun wir dies an; wir sprechen z. B. nicht mit der gleichen Geläufigkeit von unserer »Freiheitsvorstellung« oder unserer »Rechtsvorstellung« – wir sprechen ein-

Wertvorstellungen

fach von Freiheit und Recht. Aber wir sprechen von Wert-
vorstellungen.

Diese zögerliche, problematisierende Haltung in Hinsicht auf unsere persönlichen Werte hat ihre Stimmigkeit und Berechtigung. Anders als z. B. bei Feststellungen über die uns gemeinsame Welt der materiellen Dinge – der Tische, Stühle und Aschenbecher – trauen wir unserer Gesellschaft in Wertfragen keinen naturwüchsigen Konsens der Auffassungen zu. Deshalb trauen wir auch uns selbst nicht ohne weiteres klares Wissen in Wertfragen zu und lernen in unserer Gesellschaft auch nicht, in erster Linie solches Wissen zu wünschen und zu suchen. Das aber steht in Spannung zu der früheren Feststellung, dass es für unser Leben als Person entscheidend auf unsere Wertvorstellungen ankommt.

Wie oft haben wir jemanden fragen hören: »Was ist in dieser Situation das Richtige? Was soll ich tun?« So oft wir solche Fragen auch immer gehört und diskutiert haben mögen – diese Erlebnisse verblassen sicherlich angesichts der unendlichen Verhandlungen der Frage »Was will ich (wirklich)?«, die wir mit uns selbst und anderen erlebt haben. Berichten wir vom Verlauf unseres Lebens mit seinen Wendungen, so sprechen wir oftmals davon, was uns zu welchem Zeitpunkt gefallen hat – was uns angenehm war, was uns angenehm wurde oder was aufhörte, uns zu behagen. Daraus erklären wir, was wir in der Folge taten oder bleiben ließen.

Ich spreche hier von einer Mentalität, von einer angewöhnten Geisteshaltung, die sich an uns beobachten lässt – nicht von einem »Fehler«, den wir begehen. Denn diese Geisteshaltung ist nicht abwegig. Wir fahren in der Wertfrage »auf Sicht«. Im Laufe unseres Lebens zeigen uns erst konkrete Erlebnisse den speziellen, unersetzlichen Reichtum, den eine bestimmte Haltung, ein bestimmtes Verhältnis zu anderen oder ein bestimmtes Gut uns verschafft. Man hat Erfahrung, nachdem man sie gebraucht hätte. Z. B. ist es nicht vorab zu verstehen, dass eigene Kinder *alles* verändern – und dass deshalb die Frage, ob es mit oder ohne Kinder »besser« sei, eine unsinnige Frage ist.

Die Geisteshaltung, in der man das eigene Leben am ehesten als die Geschichte sich wandelnder Vorlieben und Abneigungen erzählt, ist verständlich; sie ist aber völlig im Zeitgeist befangen: Wenn wir bloß erklären, was uns gefällt, so erklären wir in Wahrheit nur, was man uns an Wertvorstellungen beigebracht hat – oder wir offenbaren, was wir einfach unbewusst übernommen haben. Wir rezitieren sozusagen den Zeitgeist (so wie wir ein auswendig gelerntes Gedicht aufsagen würden) und lassen uns von ihm im Laufe unserer sich wandelnden Erfahrungen an diesen oder jenen Ort führen. Die Frage, wohin es sich zu gehen lohnt – die Frage nach dem Wertvollen also, das ich verfolgen will –, stellen wir so noch nicht. Deshalb erlernen wir auf diese Weise nicht das Handwerk, als ein Selbst, als *wir selbst* zu leben.

In manchen Zeiträumen unserer europäischen Geschichte mag ein solches Handwerk, sich selbst zu erfinden, gar nicht notwendig gewesen sein. Vielleicht konnte in früheren Epochen eine starke und dicht verwobene Gemeinschaft dem Einzelnen die Frage nach dem Wertvollen glaubhaft beantworten, bevor er sie stellen musste. In jedem Fall müssen wir aber begreifen, was das Handwerk des Lebens *heute und für uns* ist. Dazu müssen wir vor allem über unsere eigenartige Entfremdung vom Wertvollen nachdenken, von der wir gerade schon sprachen. Sie hängt damit zusammen, wie der Einzelne den Wert der Dinge für sich erfahren kann.

Wertvorstellungen

Eine engräumige Stammes- oder Ständegesellschaft vermittelt den lebenspraktischen Sinn bestimmter Anforderungen an den Einzelnen direkt; die Rechtfertigung dieser Anforderungen liegt auf der Hand und stiftet damit die Vorstellung, etwas sei von Wert. Respekt und Gehorsam gegenüber Vater und Mutter z. B. sind nicht strittig, wenn *nur sie* uns ernähren können und wenn die einzige Religion, die uns je bekannt wird, diesen Gehorsam befiehlt. Verlässlichkeit bei der Befolgung seiner Pflichten verschafft dem Mitglied einer solchen Gesellschaft die Akzeptanz derer, mit denen es auf lange Zeit, wenn nicht sein ganzes Leben lang, verbunden sein wird.

Demgegenüber sind wertstiftende Erfahrungen in der europäischen Neuzeit in der Regel nicht mehr in dieser Weise kleinräumig, unmittelbar und direkt überzeugend. Vor allem sind sie nicht so regelmäßig mit konkreten Menschen verknüpft, die für unser Wohlergehen dauerhaft von Bedeutung sind. Die Menschen, die heute ein Stück unseres Weges bei uns bleiben – etwa Schulkameraden, Vereinskollegen, Nachbarn –, sind wie Fahrgäste in einer Straßenbahn, die unerwartet zu- und wieder aussteigen, die uns in der Zwischenzeit vielleicht nahe sind, die aber in aller Regel nicht unseren dauerhaften Lebenskreis bilden werden. Selbst zwischen Eltern und ihre Kinder hat der Rechtsstaat Gesetze eingefügt, die bestimmte Ansprüche unabhängig von der Qualität persönlicher Beziehungen garantieren sollen.

Die gesellschaftliche Arbeit ist in oft eng gefasste Expertenbereiche aufgeteilt; alle konkreten Gegenstände und Tätigkeiten werden durch ihre Bewertung und Verhandlung in Geld abstrakt; selbst das bescheidenste moderne Leben hat einen gewaltigen räumlichen Aktionsradius. Damit geht, ob eingestanden oder nicht, eine gewisse Freundlosigkeit unseres Lebensvollzugs einher. Wir scheinen keine natürliche, intime Heimatsphäre mehr zu haben, wenn wir sie uns nicht selbst zu schaffen verstehen. Noch dazu gibt es eine Vielfalt sehr unterschiedlicher und gleichwohl oft auch je für sich vernünftiger Betrachtungsweisen dieser Gemengelage. All dies sind die Kennzeichen einer Lebenssituation, in der wir miteinander in aller Regel von Wert*vorstellungen* sprechen und nicht einfach und direkt von Werten.

So zu reden bedeutet noch nicht zu behaupten, es gäbe keine tatsächlichen (und nicht bloß vorgestellten) Werte, also auch keine wahre Moral. Diese Frage unseres zweifelnden, mit unüberschaubarer Vielfalt konfrontierten Zeitalters müssen wir in der hier entwickelten Philosophie nicht beantworten. Die Rede von Wertvorstellungen zeigt ein Arrangement auf, das wir angesichts der Uneinigkeit über letzte Wahrheiten entwickelt haben, um den Frieden wahren zu können. Nur auf diese Einsicht kommt es für uns an.

Sich selbst erzählen

In unserer geistigen Lebenssituation kommen wir nur durch Nachdenken zu einer persönlichen Vermutung darüber, was für unser Leben wesentlich sein sollte. Genau dies bedeutet es für den Einzelnen, in der Neuzeit zu leben: Die meisten von uns ererben kein solides Wissen um das Wertvolle, dessen Beachtung wir dann in Gemeinschaft mit anderen einüben könnten. Die Gemeinschaften, die solches Wissen zu haben glauben, die es vermitteln und kultivieren, sind seit Jahrhunderten auf dem Rückzug. Deshalb müssen wir unser Wissen um das Wertvolle selbst für uns stiften; wir müssen es uns *erleben,* so wie wir uns vielleicht eine fremde Stadt erlaufen.

Sich selbst erzählen

So zu leben erfordert ein besonderes Handwerk des Selbstumgangs. Wir benötigen eine Routine, uns eigenständig Wertvorstellungen zu machen, sie an der Erfahrung zu bewähren und uns selbst in diesem Zuge als Persönlichkeit zur Welt zu bringen. Der moderne Mensch ist nicht einfach da, er ist er *selbst*. Als ein Selbst Ich zu sein erfordert die Fähigkeit, sich selbst zu erzählen. Anders gesagt: Ich werde ich selbst, indem ich meine Geschichte erzähle. Die Bedeutung der Philosophie für jeden Menschen hängt eng mit dieser Tatsache zusammen, wie wir bald sehen werden.

Die Geschichte davon, wer ich bin – mich selbst also –, kann ich niemals wieder genau so erzählen, wie ich es heute tun würde. Eben das bedeutet es, dass ich lebe und noch nicht erstarrt bin: dass ich geformt werde und mich selbst forme; dass ich mir wohlbekannt bin und doch beim Erzählen meiner Geschichte stetig ein etwas Anderer werde. Ich reagiere auf meine Erfahrung im stillen Gespräch mit mir, indem ich meinen Begegnungen mit Dingen, Kräften und Menschen *nach*denke – also *hinter ihnen her* und gleichsam tastend *um sie herum* denke und ihre Zusammenhänge und Abstände untersuche. Dabei begegnet das Fremde, das meine Erfahrung mir zeigt, meiner Geschichte und verwebt sich mit ihr.

Das Fremde in meiner Erfahrung wird so mein Eigenes; entweder auf die Weise, dass ich mich gegen das Neue verteidige, oder in der Weise, dass ich etwas davon in meine Selbsterzählung aufnehme. Dieses stetige »Einbauen« meiner Erfahrung in meine Geschichte bedeutet, dass ich auf mich selbst Einfluss nehme, *weil ich* und *während ich* neue Einflüsse erfahre. Meine Gegenwart ist der Ort, an dem meine Selbsterzählung mich absetzt, ein Zwischenstopp, dessen Aussicht die weitere Reise eingrenzt und ausrichtet, nie aber völlig festlegt. Das lateinische Sprichwort *mutatis mutamur* ist unvollständig; nicht »Als solche, die verändert wurden, verändern wir« – sondern »Als solche, die verändert wurden, verändern wir uns selbst«, und erst damit auch Anderes und Andere, die uns begegnen.

Mein Leben steht zu jeder Zeit unter tausend Bedingungen; ich stelle mir selbst und Anderen aber auch *meine* Bedingungen. Das ist die Arbeit des Lebens: das Dulden der Dinge und der Anderen und das Hervorbringen und Erhalten meiner selbst mit ihnen und auch gegen sie. All dies geschieht im Angesicht meines sicheren Endes und deshalb mit dem Ernst eines einmaligen Tuns. Die dabei gesammelte Erinnerung ist unsere Lebenserfahrung; der dabei aufgespannte gedankliche und emotionale Horizont ist unsere Lebensweisheit. Unsere Mitmenschlichkeit aber ist nicht allein von unserer Lebenserfahrung und Lebensweisheit bestimmt. Mitmenschlichkeit ist Miterleben mit dem Willen, Anteil zu nehmen; mit dem Entschluss, die Gemeinsamkeiten unserer Schicksale solidarisch und deshalb auch tätig anzuerkennen. Humanität ist immer persönlich, konkret und momentan; sie zeigt sich in den Augenblicken, in denen wir das Leben anderer Menschen wahrnehmen und mittragen wollen, so wie wir unseres tragen.

Philosophieren ist das Handwerk des Lebens

Philosophie verstehe ich als den Versuch, die Arbeit des Lebens durch Nachdenken zu einem Handwerk zu machen. (Der Ausdruck »Das Handwerk des Lebens« stammt von Cesare Pavese, aber er meint damit nicht die Philosophie.) Wer jetzt an Tischler und Schuster und ihre Handwerke denkt, hat den Sinn dieser Wortwahl schon erfasst. Denn nur wenn das Nachdenken der Philosophie praktisch in unser Leben übersetzt, also *ausgeübt* werden kann, ist es letztlich der Mühe wert. Philosophieren heißt, bewusst daran arbeiten, der Mensch zu werden, der wir für uns selbst und andere sein wollen.

Zu diesem Handwerk gehört es, gezielt solche Erfahrungen zu suchen, von denen wir uns Fortschritte auf diesem Weg erhoffen. Will ich eine glaubwürdige Führungspersönlichkeit sein, die mit vielen unterschiedlichen Menschen gut harmoniert, so werde ich mich möglichst schwierigen, vielleicht überfordernden Führungsaufgaben aussetzen wollen. Diese Tätigkeiten werden mir Erlebnisse und Einsichten verschaffen, die mich umsichtiger und klüger für meinen ganz bestimmten Lebensweg machen. So erlange ich die Lebensweisheit, nach der *mein* Leben verlangt. So erlerne ich das Handwerk meines Lebens.

Die denkerische und praktische Bemühung um ein *gelingendes* Leben ist Philosophie; eine stete Anstrengung, mein Leben selbst zu führen. Ein nicht durchdachtes Leben ist einfach nur ein Dasein in der Zeit – es gelingt oder scheitert nicht, weil es keine Ansprüche an den Fortgang der Dinge stellt. Ein Leben, das meiner Regel und meinem Vorsatz folgt, legt sich dagegen fest und erreicht oder verpasst seine Erfüllung und Zufriedenheit. Das meint Platon, wenn er Sokrates sagen lässt, ein nicht durchdachtes Leben sei nicht lebenswert. Die uns gestellte Frage ist: Wie muss ich nachdenken und handeln, um bei der einzigen Gelegenheit *richtig* zu leben?

Habe ich dieses Handwerk meines Lebens, meine Philosophie, gefunden? Und wenn ja, habe ich sie praktisch gemeistert oder rede ich bloß so daher? Die theoretischen Untiefen der akademischen Philosophie, ihre für den Alltagsverstand der »Uneingeweihten« lachhaft wirkenden begrifflichen Verrenkungen und aufwändigen Vergewisserungen über anscheinend sehr einfache Dinge – all dies ist nicht Zweck, sondern Mittel der Philosophie, uns leben zu helfen.

Theorie ist nicht das Ziel der Philosophie, wie sie nicht das Ziel des Lebens ist, sondern die Erkundung des Weges zum Ziel; am Ende *meines* Weges zu *meinem* Ziel.

Sich dem Handwerk seines Lebens, seiner Philosophie, offen zu verschreiben hat seine Kosten. Philosophieren äußert sich in einer generellen Zurückhaltung beim Mitziehen mit Anderen, die als Mangel an Geselligkeit und Anteilnahme erscheinen kann. Wer sich selbst befragt, muss letztlich auch selbst antworten, ist deshalb allein und muss es oft sein. Und die Selbstbefragung eines Philosophen wird an ihm von den Anderen wahrgenommen – besonders, aber nicht nur dann, wenn er spricht. Nachdenklichkeit vermittelt sich auch über Gesten, Blicke, bewusst gesetzte Stille und die sichtbaren Grade von Interesse und Ablenkung.

Direkt bedrohlich ist Nachdenklichkeit für Leute, die der Richtigkeit ihrer Ansichten versichert und gerade nicht verunsichert werden wollen. Die größten intuitiven Gegner der Philosophie sind Menschen, die an ihrem Leben leiden, aber doch gerade diese Gestaltung ihres Lebens mit größtem Einsatz herbeigeführt haben. Im konventionellen Sinne besonders erfolgreiche Menschen ersticken oft jede Nachdenklichkeit im Keim, in ihrer Freizeitgestaltung und im Gespräch, damit (um einen Ausdruck Nietzsches zu gebrauchen) der Bogen ihres bisherigen Lebens nicht breche.

Diese letzten Sätze beschwören vielleicht das typische Bild des Philosophen als eines verschrobenen, weltfremden Einzelgängers herauf, der zudem die Anderen hochmütig beurteilt – ein beliebtes Klischee, das für alle Beteiligten komfortabel ist. Denn es entlastet den Philosophen von seiner stillen Angst, ja seinem Trauma, der »realen Welt« oder »dem wirklichen Leben« in sinnvoller Weise verbunden sein zu sollen und dies vielleicht nicht zu vermögen; ebenso entlastet es die Mitmenschen davon, das Philosophieren ernst zu nehmen, da seine Vertreter ja offenkundig weltfremde Spinner sind.

Die Phantasie von der weltfremden Philosophie ist zweckmäßig und wirksam, um dem Nachdenken über sich selbst zu entkommen. Diese Einbildung führt aber in die Irre. Philosophieren ist kein abseitiger Sonderzustand des Lebens, auch keine nur zu durchlaufende Entwicklungsstufe. Philosophieren ist die geistige Tätigkeit, durch die das bloße Dasein in der auf- und niederwabernden Erfahrung zum *Leben* eines bestimmten Einzelnen wird. Unser Philosophieren ist deshalb untrennbar mit unserer Moralität verbunden, die ohne philosophisches Nachdenken überhaupt nicht bewusst in unserem Leben zum Tragen kommen kann.

Was ist Moralität?

Hier wird es nun scheinbar sehr schwierig, weil die Moral oft als eine unendlich komplizierte und zugleich vage Angelegenheit verhandelt wird. Man stellt sich beim Thema »Moral« vielleicht in Zigarettenqualm gehüllte Grübler vor, die mit eindringlichem Blick tiefsinnige Dinge verkünden, die man schon aus Respekt sich nicht gleich zu verstehen traut. Oder man denkt an pathetische Moralpredigten, die Politiker oder Geistliche vornehmlich am Sonntag dort halten, wo man sie gut sehen kann. Ignorieren wir aber diese Tradition der Mystifizierung und pathetischen Aufladung des Themas, so wird es klar und einfach.

Ein moralisches Wesen zu sein bedeutet, ein stilles Gespräch, also ein Selbstgespräch führen zu können. Wer ein Selbstgespräch führt, stellt sich selbst Fragen und antwortet sich selbst, macht sich Anmerkungen, baut sich Brücken von einem Standpunkt zu einem anderen, gesteht sich alte Irrtümer ein und neue Einsichten zu, kurz: Wer ein Selbstgespräch führt, bewahrt sich einen Vorbehalt gegenüber dem, was ihm gerade durch Kopf und Glieder geht. Denn was mich gerade beschäftigt und treibt, könnte Unsinn oder ungerecht sein, und das weitere Gespräch mit mir selbst und mit nachdenklichen Anderen könnte mich das lehren. Wer mit sich selbst spricht, will wissen, was er *wirklich* Grund hat zu denken und zu tun. In diesem Sinne sagt Andrej Platonow: »Sich mit sich selbst zu unterhalten ist eine Kunst, sich mit anderen Menschen zu unterhalten Zerstreuung.«

Im Selbstgespräch kritisieren wir nicht nur unser eigenes Denken; wir machen darin auch einen Vorbehalt gegen unser gewohntes Tun und gegen das Verhalten unserer Umgebung geltend. Was wir eben gerade denken, wird vom Selbstgespräch in Frage gestellt, und deshalb tun wir auch nicht einfach, was unser aktuelles Denken uns nahelegt, und wir akzeptieren das auch bei den Anderen nicht. Wir zögern und schauen noch einmal. Moralisch sein heißt, mit sich selbst sprechen und sich damit das letzte Wort vorbehalten, das wir als Mensch über unsere Verhältnisse ja auch tatsächlich haben. Moralisches Nachdenken wird zu moralischem Handeln, wenn wir dieses letzte Wort dann auch aussprechen und die Konsequenzen tragen.

Unsere moralische Fähigkeit liegt im Nachdenken und im Handeln. Im Nachdenken bewahren wir einen Vorbehalt gegen das, was wir vorfinden; im Handeln erheben wir Einspruch gegen das Geschehen um uns und setzen uns für das ein, was wir für besser befinden. Unsere Moralität ist der Einspruch, den wir gegen unseren eigenen augenblicklichen Willen, gegen das Tun der Anderen, besonders aber gegen den Sog der Verführung geltend machen, in den Chor der anderen einzustimmen. Das philosophische Fachwort für diese aktive, stets suchende Form der Selbstbestimmung ist

Autonomie: Autonom, also »selbstgesetzgebend«, ist ein Wesen, das seine eigenen Bewertungsmaßstäbe und Verhaltensmuster überdenken und verändern kann.

So betrachtet ist das Philosophieren die eigentliche, die charakteristische Tätigkeit eines moralischen Wesens. Denn indem wir die Ziele unseres Lebens und das Handwerk ihrer Verfolgung bestimmen, setzen wir Werte in die Welt. Dies ist unser Vorbehalt gegen den etablierten Lauf der Dinge, unser erstes wirklich eigenes Wort und zugleich das letzte Wort, auf dem wir da beharren werden, wo es bestritten wird. Hier liegt die Hoffnung, über die Bedrückungen unseres bisherigen Lebens und die grausamen Missstände unserer ererbten Welt hinauskommen zu können zu etwas Besserem. Hier, in unserer Autonomie, liegt unsere einsame Würde.

Es ist deshalb ein vollkommenes Missverständnis, das Nachdenken über Prinzipienfragen, das gute Leben und die gerechte Gesellschaft als Angelegenheit einer irgendwie spezialisierten Elite zu betrachten. Die philosophischen Fragen ruhen auf wiederkehrender menschlicher Erfahrung, sie entstehen und wachsen aus ihr. Und mit den Antworten, die wir auf sie geben, kehren sie auch in die Erfahrungswelt zurück: Die großen Fragen werden gestellt und diskutiert, sie tauchen auf Lehrplänen auf, sie bestimmen die Therapiesitzungen der glücklich versorgten Unglücklichen und bilden den Hintergrund der Abschiedsbriefe der unversorgten.

Kneipengespräche und Geschwistertelefonate kreisen um die Erfahrungen, die den Fragen nach dem richtigen Handwerk des eigenen Lebens ihren Grund geben. Auch wenn dort die Frage nach der Philosophie, nach dem Handwerk des Lebens, nicht ausdrücklich gestellt wird, so wird sie doch bei diesen Gelegenheiten verhandelt. Die Beschäftigung mit philosophischen Problemen ist allen Menschen gemeinsam, weil wir alle denselben Beschränkungen unterliegen und demselben Ende entgegengehen. Nur fällt es nicht jedem ein, diese Beschäftigung auch »Philosophieren« zu nennen. Das ist auch nicht wichtig – außer für diejenigen vielleicht, die als »offizielle« Philosophen einen Berufsstand bilden und ihrer Bedeutung versichert werden wollen. Zum Glück behält Franco Berardi recht: »Die Menschen handeln oft, ohne die relevanten Bücher zu lesen.«

Die Entstehung unserer Lage

Es gibt also gute Gründe, das Leben als Arbeit an uns selbst im Lichte der Erfahrung zu verstehen – und die Philosophie als die Suche nach dem richtigen Weg dieser Selbstarbeit, als Suche nach dem Handwerk unseres Lebens. Das Leben ist aber historisch auch anders erfahren und vorgestellt worden, weniger als Arbeit des Einzelnen an sich selbst und mehr als ein Sich Einfinden in die Dinge und unter den Anderen. José Ortega y Gasset spricht davon, dass bis an die Wende zur Neuzeit das Dasein der Menschen »in einer Anpassung ans Universum« bestanden habe, als dessen Teil der einzelne sich begriff. Der vormoderne Mensch begann seinen Lebensweg demnach »mit einem Gefühl des Zutrauens gegenüber der Welt« (meine Übersetzungen).

Aber die großen Erzählungen von Gott, Welt und Mensch, die uns diesen Komfort einer festen »Beamtenstelle« in der Weltordnung gewährten, fügen sich nicht mehr; sie haben sich historisch als zunehmend machtlos zur Ordnung des Zusammenlebens erwiesen. Als Grundlage menschlicher Gemeinschaft haben sie sich deshalb überlebt. Wir glauben den meisten Predigern des Paradieses nur ihre ganz persönliche Gewinnabsicht; und selbst wenn wir Gläubige dieser oder jener Religion sind, versuchen wir nicht, unsere Ansprüche an Andere mit unserer Rechtgläubigkeit zu rechtfertigen.

Es gibt nicht mehr die klare Auskunft über das Leben, die uns einmal gegeben wird und mit der wir dann wirklich ein für allemal auskommen könnten; und es ist eine Idealisierung zu glauben, dass es sie früher einmal wirklich, völlig gab. Unsere Eltern und Lehrer zeigen uns nicht, was wir sind und wozu wir uns zu entwickeln bestimmt sind. Sie lehren und zeigen uns schlicht, dass vieles Menschen möglich ist. Wir werden nicht in unser Leben eingeführt, sondern ins Freie gestellt, um uns dann darin zu orientieren. »Du möchtest dir ein Stichwort borgen // Allein, bei wem?« (Gottfried Benn).

Wie sind wir in diese Lage geraten? Warum müssen wir als Einzelne unser Selbst erkunden, bilden und leiten? Warum können wir das Handwerk des Lebens nicht durch ruhiges Zusehen von anderen, uns behütenden und führenden Menschen erlernen? Die Kulturgeschichte, die uns in diese Lebenssituation gebracht hat, kann aus verschiedenen Blickwinkeln erzählt werden. Die wesentliche Entwicklung ist aber einfach, und es lohnt sich, sie herauszuarbeiten: Die Funktionen der Menschen füreinander, die ihnen bestimmte Befugnisse übereinander gaben, wurden im ausgehenden Mittelalter in Europa strittig.

Dies gab im Zeitalter von Reformation und Gegenreformation den Anlass zu ausgedehnten und verheerenden Kriegen. Eine »Neuzeit« musste erfunden werden, weil die alte, weltanschaulich fundierte Ordnung nicht mehr regelungsmächtig war und deshalb keinen stabilen Frieden begründen konnte. Im Friedensvertrag von Münster und Osnabrück, der 1648 den Dreißigjährigen Krieg beendete, einigte man sich deshalb darauf, dass Fragen religiöser Wahrheit nicht Gegenstand der Verhandlung sein würden.

Man wusste, dass man nicht zusammenkommen würde, wenn jede Partei sich auf »die Wahrheit« beruft.

Der Ideenhistoriker Hans Blumenberg sagt vom Übergang zur Neuzeit: »Das Mittelalter ging zu Ende, als es innerhalb seines geistigen Systems dem Menschen die Schöpfung als ›Vorsehung‹ nicht mehr glaubhaft erhalten konnte und ihm damit die Last seiner Selbstbehauptung auferlegte.« Diese Entwicklung bahnte sich an im Entstehen der *nominalistischen* Philosophie des Spätmittelalters – in einem Denken, das die Sprache als rein menschlich-konventionell versteht: Unsere Begriffe sind einfach Namen *(nomina)*, also Benennungen der Dinge. Darin liegt die damals revolutionäre Vorstellung, dass vom Menschen gewählte Bezeichnungen die begriffliche Ordnung unseres Denkens stiften – und nicht Gottes Schöpfungsakt am Anfang der Welt.

Der existenzielle Haltverlust des spätmittelalterlichen Menschen zeigt sich nach dieser Überlegung darin, dass der Sprache als Brücke zwischen Denken und Welt nicht mehr unbesorgt (naiv) getraut wird. Unsere Begriffe dessen, was im Bewusstsein erscheint, gehorchen keinem natürlichen Gesetz, sondern bloß menschlicher Willkür; aller Anschein von Autorität und Dauer in unserem Sprechen und Denken ist demnach allein dem Gewicht der Tradition, dem einfachen Wiederholen bestimmter sprachlicher Konventionen durch viele in vielen Generationen geschuldet. *Wir* stiften nun die Ordnung, die wir in der Welt sehen.

Alasdair MacIntyre schildert denselben Haltverlust in anderer Perspektive als Abhandenkommen des Tugendbegriffs. Tugenden sind historisch erprobte und bewährte Zugangswege zu menschlich bedeutsamen Gütern: Ehrlichkeit z. B. ist eine Tugend, weil sie Vertrauen stiftet und Verlässlichkeit in unsere Beziehungen bringt. Damit kann praktizierte Ehrlichkeit uns Stabilität, Ruhe und Gelassenheit einbringen. Tugenden waren nach MacIntyres Erzählung bis zum Ende des Mittelalters in Gemeinschaft durch Nachahmung und Austausch erlernbar; ein weitgehender Konsens über die Bedeutung und Erfordernisse einzelner Tugenden konnte das Handeln in der Gemeinschaft tatsächlich wirksam regeln. Denn in einer räumlich eng gedrängten, im Glauben weitgehend einigen Gemeinschaft herrscht eine Lebenspraxis, die alle Mitglieder teilen. Diese Praxis bringt Wertmaßstäbe hervor und stabilisiert sie über Generationen hinweg.

Dies ist aus heutiger Sicht ein moralisches Idyll (jedenfalls sofern man die Gegenwart als sozial zersplittert, komplex und vielleicht sogar unheimlich erfährt). Denn dieser Betrachtung nach wächst eine zuverlässige Lebensorientierung in jedem Mitglied der Gemeinschaft langsam heran. In seiner Gemeinschaft entwickeln sich Werte und Ansprüche an seine Person zwar weiter fort, aber niemals in sprunghafter oder bedrohlicher Weise. Dieses Idyll kam spätestens mit der konfessionellen Spaltung des Christentums abhanden. Es wird durch das für MacIntyre unselige, zum Scheitern verurteilte Projekt ersetzt, die Moral durch philosophische Argumentation zu rechtfertigen – anstatt sie durch lebendige Beispiele und Gespräche in überschaubaren Gemeinschaften direkt zur Wirkung zu bringen. Das neuzeitliche Bedürfnis nach intellektueller Rechtfertigung unserer Lebenspraxis und Moral zeigt, dass es für uns »Neuzeitler« keine gemeinsame, einfach als natürlich und unstrittig verstandene Lebenswirklichkeit gibt.

Blumenberg und MacIntyre denken auf unterschiedlichen Wegen über denselben Vorgang nach: der menschliche Wille übernimmt die Festlegung des Werts aller Dinge. Der Mensch wird Maßstab aller Dinge, Souverän der Welt und des Lebens darin. Die großen Züge der Welt, in der wir aufgewachsen sind und heute leben, gehen ungebrochen auf dieses Anfangsmoment zurück. »Sünde kann nicht mehr als Ungehorsam gegenüber dem Gesetz eines Anderen bestimmt werden, sondern im Gegenteil als Weigerung, meine Rolle als Gesetzgeber der Welt zu spielen« (Hannah Arendt über die Philosophie Kants).

Die Aufklärung hat diesen fundamentalen Bezug auf menschliches Wollen zur Idee einer Herrschaft der Vernunft weitergedacht und versucht, in allen Bereichen menschlichen Interesses Vernunft zur Vorherrschaft zu bringen; die wissenschaftlich-industrielle Revolution hat unsere Welt dann im Zusammenspiel mit dem modernen Staat in rationale, also auf je *einen* bestimmten Zweck hin organisierte Institutionen aufgegliedert. Das geistige Zentrum der Entwicklung aber war und ist der auf sich gestellte Wille des Menschen.

Auf diesem Wege sind wir von Kindern Gottes und Mitgliedern seiner Gemeinschaft auf Erden zu den Erzählern unserer Geschichte, unseres Selbst geworden; auf diese Weise wandelte sich die Philosophie, einstmals verstanden als die Verwalterin ewiger Wahrheiten, zur Suche des Nachdenkens nach dem Handwerk unseres Lebens. Innerhalb dieser Koordinaten gehen wir nun auf die Suche nach der Gestalt und der eigenartigen inneren Stimmigkeit unserer Gegenwart. Sie wird sich als ein Zeitalter der Karriere und einer speziellen Form der moralischen Erstarrung erweisen, die ich mit dem Begriff des Ehrgeizes verbinde. Der nächste Schritt auf diesem Weg ist, die grundsätzliche Spannung von Moralität und sozialer Anpassung zu begreifen.

3. Moralität und Anpassung

Mitglied werden und selbständig bleiben

Um in einer Massengesellschaft zusammenleben zu können, müssen ihre Mitglieder füreinander berechenbar sein. Denn wir wissen außer in Familie und Freundeskreis nie, mit wem wir es zu tun haben. Die Anderen müssen meine Beweggründe und Verhaltensweisen je nach der anstehenden Situation im Voraus absehen können. *Gesellschaftsfähig* sein bedeutet, einen gewissen Standard einzuhalten und deshalb für Andere verlässlich und unbedenklich zu sein. Das ist eine Selbstverständlichkeit unseres Lebens, die es sich einmal gesondert zu betrachten lohnt: Denn aus den Überlegungen des vorigen Kapitels ergibt sich, dass wir als moderne Menschen nicht einfach ohne unser Zutun jederzeit in Gesellschaft sind; wir sind zunächst einmal nur in einer Gruppe von Menschen.

Gesellschaftlich, d. h. füreinander berechenbar existieren will nun *gelernt* sein. Denn die Gruppe, in die wir hineingeboren werden und in der wir heranwachsen, ist nur eine unter vielen in unserer Gesellschaft. Ihre Wertvorstellungen und Gewohnheiten können sich stark von denen anderer Personenkreise unterscheiden. Deshalb ist es eine gesonderte Aufgabe für uns, das Zusammenleben mit Angehörigen aller dieser Gruppen zu erlernen und für sie akzeptable Rollen zu spielen. Wir brauchen »Sozialkompetenz«.

Darin spiegelt sich auf der zwischenmenschlichen Ebene genau das, was wir im zweiten Kapitel durchdacht haben.

Moralität und Anpassung

Der Einzelne muss sich durch Nachdenken über seine Erfahrung und durch stetiges Erzählen und Neuerzählen seiner eigenen Geschichte ein Selbst geben, d.h. sich als Persönlichkeit zur Welt bringen. In ähnlicher Weise etablieren wir uns sozial durch das Erlernen der Regeln unserer Gesellschaft und durch ihre ständige Einübung als ihr Mitglied. Die anderen Gesellschaftsmitglieder können mit uns nur etwas anfangen (oder etwas mit uns weiterführen), insoweit wir nach den Normvorgaben unserer Gesellschaft konform, d. h. gesellschaftsfähig sind.

Denn die mit den anderen gemeinsam gebildete Gesellschaft ist, wie Norbert Elias schreibt, die »unsichtbare Ordnung, aus der heraus und in die hinein die Einzelnen ihre Zwecke setzen.« Missachten wir die Regeln unserer Gesellschaft bei Menschen, die nicht unserem Kreis von Vertrauten angehören, irritieren wir sie fundamental. Sie können sich dann unserer Kooperation bei der Verfolgung ihrer Zwecke nicht mehr sicher sein. Der Grad unserer Anpassung zeigt den Anderen, inwieweit wir willens sind, das aktuelle soziale System und die darin verkörperten Machtverhältnisse mitzutragen. An unserer Anpassung erkennen sie, dass wir mitmachen und deshalb auch ihre Handlungsfähigkeit mit garantieren werden.

Gesellschaften bestehen nur dadurch fort, dass sie genau jenes Verhalten, Denken und Empfinden heranbilden, das ihren Machtverhältnissen entspricht und diese stetig befestigt. Aus ihren Menschen müssen ihre Mitglieder werden. Dies schon perfide und empörend zu finden heißt, das Wesen von Gesellschaft missverstehen. Eine echte Bedrohung allerdings geht von diesem unentrinnbaren Konformierungsdruck jeder Gesellschaft für unsere Moralität aus. Wir sind unbedingt auf Zugehörigkeit zu einer Gemeinschaft angewiesen, um zu überleben. Wie soll ich einen Einspruch, einen Vorbehalt meines Nachdenkens gegen das

Tun anbringen und aufrechterhalten, wenn Zugehörigkeit doch nur um den Preis meiner Konformität zu sichern ist? Wie kann ich moralisch sein, wenn ich zugleich nicht anders kann, als im Großen und Ganzen mit den vorgefundenen Verhältnissen und Menschen konform zu gehen?

Könnten wir den Eigensinn unseres Nachdenkens, unsere Moralität, in einer aufgeklärten Gesellschaft nicht einfach aufgeben? Dies würde das Problem des Gegensatzes von Moralität und sozialer Anpassung lösen. Dies war das Argument zum Beispiel des historischen Materialismus, der »wissenschaftlichen Weltanschauung« des Marxismus-Leninismus (die nicht mit Marx' Philosophie verwechselt werden darf): Die klassenlose Gesellschaft schält sich mit gesetzmäßiger Gewissheit aus der Menschheitsgeschichte heraus, und mit dieser Gesellschaft konform gehen ist identisch damit, eine moralisch gute Person zu sein. Auch ethische Theorien wie der auf den Begriff des Nutzens konzentrierte Utilitarismus erlauben die moralische Selbstaufgabe und bieten eine Logik des Kalküls mit bekannten Größen (wie z. B. wirtschaftlichem Nutzen) als Ersatzmodell für unsere Lebensorientierung an.

Da wir auf den Eintritt der klassenlosen Gesellschaft immer noch genauso warten wie manche auf die Wiederkehr des Gottessohnes, kann die marxistisch-leninistische Lösung nicht überzeugen. Die erlebte und erzählte Geschichte erscheint den Wenigsten wohl als Abfolge von Fortschritten auf dem Weg in die klassenlose Gesellschaft oder als Gottes moralisches Kammerstück zur Einstimmung aufs Jüngste Gericht. Außerdem gerät ein Utilitarist in Verlegenheit, wenn man ihn fragt, welches Verständnis von »Nutzen« das nützlichste ist.

Diese Frage wirkt komisch, soll aber kein Scherz sein. Sie zu stellen heißt, das Feigenblatt des Utilitaristen wegziehen:

Man bemerkt, dass der Begriff des Nutzens, der angeblich unsere moralischen Orientierungsprobleme beheben soll, selbst sehr unklar ist und auf vielfältige Weise interpretiert werden kann. Wir benötigen also weiterhin unser moralisches Urteil – und sei es nur dazu, uns zu entscheiden, nach welchem der vielen denkbaren Definitionen von »Nutzen« wir unsere Handlungen bewerten und ausrichten wollen. Wir müssen moralische Personen bleiben *und* in unserer Gesellschaft als Mitglieder Fuß fassen.

Die stille Macht des Nachdenkens

Solange es moralische Personen gibt, und *nur solange es sie gibt*, existiert ein auf Abruf stehender Einspruch des einsamen Gesprächs des Nachdenkens gegen das Denken und Tun in der Welt. Das etablierte Denken und Tun steht in Frage und regiert nicht einfach durchgehend und absolut nach der gerade herrschenden Theorie und Praxis, was immer diese auch sei; die moralische Person ist der Gegenspieler des Zeitgeistes. Sie ist ist der einzige Akteur, der die Erzeugnisse und Machenschaften des Kulturwesens Mensch verändern kann – oder der uns zumindest dabei helfen kann, ihnen zu entkommen. Welche Funktion für den Menschen hat die Bezweiflung, Verzögerung, Erschwerung und möglicherweise die Verhinderung des Tuns, die von moralischen Personen ausgeht? Die moralische Person hat keine Funktion außer der einen, das Funktionieren des Menschen in gegebenen Strukturen und Denkweisen zu begreifen und wo nötig zu verändern.

So bleibt die moralische Person ganz, d.h. so behauptet sie ihre Integrität: Die Welt, andere Menschen und die von ihnen geschaffenen Verhältnisse diktieren nicht, was wir denken und was wir tun. Sie sind der Kritik unseres Nach-

denkens unterworfen; wir sind als moralische Personen der
»Maßgeber« des Tuns und des Denkens. Wir sind nicht die
Befehlsempfänger dessen, was andere vor uns und neben
uns eingeführt haben, sondern sein Gutachter, Richter und
potentiell sein Reformer. Integre moralische Personen sind
der einzige Garant dafür, dass es mit uns und unserer Welt
anders werden kann, als es ist. Sie sind die Anwälte der
Würde des Menschen gegenüber allem, was ihm gefährlich
wird. Wenn ich es auch nicht erfüllen kann, so ist moralische Integrität doch das richtige Ideal eines freien Menschen, der seine Verantwortlichkeit annimmt.

Wie aber können integre moralische Personen sich selbst
und die Welt verändern? Moralische Personen leben abgewandt vom Prestige und der Tatmacht der sozialen Struktur
und ihrer Repräsentanten. Sie gieren nicht nach Rang und
Namen, sie halten sich nicht mit ausgeklügelt geplantem,
verschwenderischem Konsum auf, um bei Anderen oder
sich selbst diesen oder jenen Eindruck zu erzeugen. Auch
wollen sie nicht in erster Linie gemocht werden. Stattdessen
sind sie ihren eigenen Wertvorstellungen zugewandt. Wo
alle auf ihr Äußeres achten, achten sie auf ihr Inneres; sie
sorgen sich um ihre eigene Integrität. Deshalb haben moralische Personen die echte und eigentliche Macht.

Sie können ganz anders handeln, als es in ihrer Gesellschaft üblich ist, denn sie haben eigene, auf ihren Wertvorstellungen und ihrem Nachdenken beruhende Alternativen.
Moralische Personen können deshalb die Gesellschaft verändern; Konformisten können sie nur betreiben. Dies ist
das erstaunliche Paradox der Moralität: Die moralische Person gewinnt Macht über die tatsächlichen Verhältnisse nur
dadurch, dass sie sich von ihnen *abwendet* und sich selbst
zuwendet. Die Macht der moralischen Person entspringt
aus ihrer Weigerung, vorgegebene Denk- und Handlungsweisen für sich auszunutzen, um die Güter zu erlangen, die

gesellschaftlich für sie vorgesehen sind und die sie disziplinieren sollen.

Die gestalterische Macht unserer Wertvorstellungen beruht darauf, dass moralische Personen bewusst ihre unmittelbare Machtlosigkeit in der Gesellschaft in Kauf nehmen und dabei einen wirklich eigenständigen Handlungswillen aufbauen. Diese Bewegung des Einzelnen weg vom sozialen Raum und hin zum Innenraum des Selbst, zur stillen Unterredung über seine Erfahrung der Dinge, ist der Ursprung jeder Veränderung in der Welt: von neuen persönlichen Projekten Einzelner über die Anpassung gängiger Redeweisen bis hin zur Revolution gegen die gesamte soziale Ordnung. Die moralische Person ist die lebendige Bedrohung des Zeitgeistes und seiner sozialen Institutionen und deshalb ihr einziger rechtmäßiger Gesetzgeber.

Integre Menschen sind deshalb unbeliebt. Jede Gesellschaftsordnung steht prinzipiell in Gegnerschaft zur moralischen Person, die ihre Stabilität bedroht; Ralph Waldo Emerson sieht das als eine regelrechte »Verschwörung« aller gegen alle Einzelnen: »Die am höchsten geschätzte Tugend ist in jeder Gesellschaft Konformität. Eigenständigkeit ist überall am meisten verhasst. Konformität will nicht auf Wirklichkeit und das Schöpferische hinaus, sondern auf Formeln und Gewohnheit« (meine Übersetzung).

Jede Gesellschaftsordnung steht dem Nachdenken, dem Lebenselement der moralischen Person, im Wege und kann es nur begrenzt tolerieren. Kritiker ihrer Regeln, die womöglich noch andere auf die dumme Idee des moralischen Einspruchs bringen könnten, haben herrschende Kreise aller Epochen so gut es ging an den Rand gedrängt, diskreditiert und wo sie konnten mit dem Tode bestraft. Immer geht es darum, die bestehende Herrschaftsordnung *durch den Konformismus der Beherrschten selbst* zu erhalten.

Wie Funktionäre ums Leben kommen

Moralität und soziale Anpassung sind Gegenpole, zwischen denen wir unser Leben austarieren müssen. Am Pol der Moralität finden wir das Beispiel sittlich großer Menschen, die ihrer moralischen Einsicht folgend alle Güter der herrschenden Ordnung für sich ablehnten, um in ihr Räderwerk eingreifen zu können. (Es wäre irreführend zu sagen, moralisch große Menschen »opferten« alles ihrer moralischen Einsicht. Denn diese Einsicht lehrt sie ja gerade, dass die ihnen zugedachten gewöhnlichen Güter nicht wirklich gut sind und überwunden werden müssen. Sie opfern sich nicht, sie zeigen anderen die Sinnlosigkeit und vielleicht auch die Grausamkeit *ihres* Götzendienstes, indem sie ihn ablehnen. *Dafür* werden sie gehasst und verfolgt.)

Wer aber steht am anderen Ende des Kontinuums, am Pol der Anpassung? Nun, der Konformist. Aber was ist ein Konformist? Sicherlich nicht schon jemand, der bis zu einem gewissen Punkt mit den vorgefundenen Verhältnissen und Menschen konform geht; das tun wir alle, und würden wir alle zu Recht deshalb »Konformisten« genannt, so wäre der Begriff überflüssig, denn er würde nichts mehr unterscheiden. Der Konformist muss also jemand sein, der die Konformität planvoll *zum Prinzip* seines Denkens und Tuns erhoben hat – gerade so, wie wir denjenigen einen Sozialisten nennen, der planvoll die soziale Frage zum Prinzip seines Denkens und Tuns macht.

Konformisten verhalten sich geordnet nach Zwecken, die andere festgelegt haben, und hinterfragen diese Zwecke nicht – sie *verinnerlichen* sie. Konformismus ist zweckgerichtetes Denken und Tun, und dieses ist *gerade nicht* Nachdenken und Handeln einer moralischen Person und sollte davon klar unterschieden werden. Denn Zweckdenken spielt erlernte Muster und Verbindungen von

Gedanken und Tätigkeiten ab, sobald ein Schlüsselreiz wahrgenommen wird (der ebenfalls Teil des erlernten Musters ist). Der Schlüsselreiz muss nicht einmal wirklich vorhanden sein; im erfolgreich konditionierten Konformisten reicht bereits die Gewohnheit bestimmter Assoziationen der Erinnerung, um ganze Verhaltenskaskaden auszulösen.

Gute Komiker nutzen diesen Umstand, indem sie oft bloß knappe Andeutungen machen, die von den Zuhörern dann unaufhaltsam zu Ende gedacht und gefühlt werden. Es ist dann, als würde an uns »ein Knopf gedrückt«. Deshalb kämpfen Politiker und Oligarchen jeden Typs ständig und aufwändig darum, bei uns allen die »richtigen« Assoziationsmuster zu etablieren: Denn nur so wird es möglich, zum Beispiel mit wenigen Bildern einer zuvor medial als »verdächtig« oder »böse« markierten Menschengruppe (etwa Muslimen, Juden oder Christen) und geeigneter musikalischer Untermalung Angriffskriege in die Wege zu leiten.

Der Ausdruck »Gesellschaft« ist der Name für die Struktur der etablierten Zwecke, die für uns Schlüsselreize setzt und damit Abläufe im Denken und Tun einübt und abrufbar macht. Unsere weitgehende Zuverlässigkeit bei diesen Denk- und Verhaltensweisen ist unsere Eintrittskarte in die Gesellschaft, unsere Mitgliedschaft. Und je nachdem, wie menschlich oder menschenverachtend die Zwecke sind, die in unserer Gesellschaft institutionalisiert sind, sind wir als ihre Mitglieder dann gewohnheitsmäßige Mit-Wohltäter oder Mit-Verbrecher.

Doch zurück zum Typus, zur Extremfigur des Konformisten: Der Zweck, dem wir als Konformisten gehorchen, ist genau besehen der fremde Wille, der diesen Zweck gesetzt hat; *ihm* gehorchen wir eigentlich. Konformismus praktizieren heißt, sich den gegebenen Mächten und ihren Repräsentanten als Diener antragen, um die von ihnen zu erlangenden Vorteile einzuheimsen. Im Konformisten firmiert und marschiert die bestehende soziale Ordnung. Wenn wir pauschal sagen: »Die Gesellschaft tut dies oder jenes«, so sagen wir eigentlich: »Die Konformisten tun dies oder jenes«; oder noch genauer: »Jeder von uns, insoweit er konform geht, tut dies oder jenes.« Für einen bekannten Zweck wird *einfach gedacht* und *einfach getan*, nicht aber nachgedacht und gehandelt; der Konformist gibt den Vorbehalt des Nachdenkens, des stillen Gesprächs, gegen das Tun auf.

Insoweit wir konform gehen, erklären wir uns einverstanden. Konformismus ist die Suspendierung des Menschen als moralisches Wesen, die Aufhebung des Vorbehalts seines Nachdenkens gegen das Tun in der Welt, und damit die bedingungslose Unterwerfung des Menschen unter die von ihm selbst geschaffene Wirklichkeit. Damit aber ist der Vernichtung alles Wertvollen und seines einzigen Urhebers, des Menschen, prinzipiell die Bahn eröffnet. Die Konformisten aller Zeiten haben gemeinsam die Macht, dem gerade etablierten Herrschaftssystem unkontrollierte und damit ungehemmte Machtentfaltung zu erlauben. Konformismus ist damit eine gewaltige aufbauende wie auch zerstörende Macht.

Wenn aber der Konformist *einfach* denkt und *einfach* tut, wie ihm geheißen, was ist demgegenüber Nachdenken und Handeln der moralischen Person? Nachdenken ist nicht einfaches, sondern bewusst komplex gestaltetes Denken; Handeln ist nicht einfaches Tun, sondern bewusst komplex gestaltetes Tun. Im Nachdenken verarbeiten wir unsere Erfahrung im stillen Gespräch und schreiben unser Selbst fort, indem wir bejahen und verneinen, ordnen, verwerfen, nachfragen, ignorieren, betonen und gewichten – und auch den emotionalen Auswirkungen nachhängen, die unsere Begegnungen auf uns haben. Neben solchen bewussten und halbbewussten Vollzügen bringt das Nachdenken noch einen anderen, ganz entscheidenden Faktor zur Wirkung: die Zeit.

Allein die neuerliche Bewegung und Beachtung dessen, was wir empfunden und gedacht haben, das Verweilen bei unseren Eindrücken, setzt diese in ein stetig feiner und komplexer werdendes Verhältnis zu unserer bisherigen Lebenserfahrung. Unsere Erfahrung wird mit der Zeit des Nachdenkens gebrochen und in eine Gemeinschaft, in eine momentane Gleichzeitigkeit und Interaktion mit uns selbst gebracht – »mit uns selbst« bedeutet hier: mit den Gedanken und Haltungen, die uns bis zu unserer jetzigen Erfahrung ausmachten, und mit unserer Erinnerung an sie.

Wir unterziehen im Nachdenken unsere Erfahrung einer umfassenden, nicht bloß intellektuellen, sondern auch emotionalen und affektiven Konfrontation mit unserem Selbst. Ich sage »wir unterziehen«, denn dieser Vorgang geschieht nicht von allein schon dadurch, dass wir Erfahrung haben; wir müssen über sie nachdenken. Unser Selbst *kritisiert* dann unsere Erfahrung auf mehreren Ebenen: intellektuell gesehen lassen wir dieses oder jenes in unser stilles Gespräch ein als neuen Bestandteil unserer Selbsterzählung und ignorieren oder verurteilen anderes; emotional und affektiv schließen wir uns enger an das an, was uns annehmlich und aufbauend vorkommt, und wir suchen intuitiv den Einfluss unangenehmer Erfahrungen auf unser Seelenleben zu vermindern.

Wir reagieren in der Zeit unseres Nachdenkens also auch in *organischer* Weise auf unsere Erfahrung. Wir sind psychosoziale Systeme, die nur beschränkt in der Lage sind, Unterschiedliches zu sehen, zu empfinden und sich zu eigen zu machen; gerade darin besteht unsere Stabilität und unsere Tauglichkeit zum Leben. Im Nachdenken können wir uns selbst, in bescheidenem Maße zumindest, bei diesem Vorgang des Abscheidens, Abstoßens, Eingemeindens und Willkommenheißens zusehen und uns selbst dabei neu und besser erkennen. Wir sehen dann *an uns geschehen*, was sonst *einfach geschieht* und uns unmittelbar prägt und bildet. Nur durch das Nachdenken wird Erfahrung, die uns begegnet, *unsere* Erfahrung, die Erfahrung *dieses* Selbst, *meine* Erfahrung. Nur durch das Nachdenken verliert unsere Erfahrung die totale, unmittelbar gestaltende Gewalt über uns, die sie zunächst im Erleben des noch unmündigen Kindes und Jugendlichen und dann wieder im Zweckdenken des Konformismus hat.

Nachdenken ist der Weg, auf dem wir zum Handwerk unseres Lebens kommen können, anstatt Gesellen anderer Meister zu sein. Es erlaubt uns, als wir selbst zu handeln, anstatt einfach zu tun, was uns die Anderen gelehrt haben – und das gerade dadurch, dass Nachdenken und Verstehen in der Welt (jedenfalls *unmittelbar*) machtlos sind. Das Verständnis, das unser Nachdenken im Lichte unserer Erfahrung zustande bringt, ist folgenlos außer in mir, eben in der Fortentwicklung meines eigenen Verstehens. Nur weil es machtlos und folgenlos ist, kann es *außerhalb* bestehender Konfliktlinien bleiben und so all das, was Geltung beansprucht, hinterfragen, aufklären und nötigenfalls verwerfen.

Den Standpunkt der Kritik (d.h. der Unterscheidung) einzunehmen bedeutet, den Kampf um die Erzielung dieser oder jener Wirkung in der Welt zugunsten des Verstehens und Beurteilens beiseite zu lassen. Am Ende eines Verstehensprozesses kommen uns dann praktische Forderungen in den Sinn, die aus dem Bann der etablierten Zwecke unserer Mitgliedschaft in der Gesellschaft ausbrechen können – die also das einfache Denken und einfache Tun des Konformismus hinter sich lassen wollen und auch können.

Einfaches Denken und einfaches Tun aber sollen gleich von Anfang an etwas Bestimmtes erreichen und können mir deshalb nicht Aufschluss darüber geben, was ich denken und tun soll.

Konformismus ist die Erfüllung etablierter Zwecke und kann sich deshalb nur im Bereich des schon Bekannten, schon Gedachten und schon Getanen bewegen und dieses zweckmäßig gebrauchen. Das einfache Denken und Tun des Konformisten erlaubt es nicht, etwas Neues als solches zu erkennen oder Bekanntes anders zu verstehen als bisher. Für das einfache Denken ist das Neue entweder ein Irrtum oder eine Absurdität; für das einfache Tun des Konformismus ist das Neue eine Störung.

Für jeden Einzelnen ist sein Ausmaß an Konformität der Gradmesser seiner moralischen Gefährdung. Dem Konformisten wird das Selbst schwach – sein Wille und damit seine Fähigkeit, die eigene Erfahrung durch Nachdenken zu verarbeiten, wird schwach; seine Moralität, der Vorbehalt des Nachdenkens gegen das Tun, wird nicht kultiviert, und so festigt sich mit jedem Jahr des bloßen Mitmachens das eigene Schicksal, vor allem als Funktionär zu existieren. Das eigenwillige Leben wird durch die Gewohnheit verdrängt, dem Druck oft nur vermuteter fremder Erwartungen nachzugeben, um zu gewinnen, was die etablierte Ordnung zu bieten hat.

Wir alle, sofern wir konformistisch sind, treiben einen besonderen Sport: das Erraten fremder Erwartungen. Haben wir einige Male geraten und Glück mit den dann von uns gewählten Umgangstaktiken gehabt, so merken wir uns diese erfolgreichen Spekulationen. Sie werden unsere gewohnten Erwartungen, was die anderen wohl erwarten – unsere »Erwartungserwartungen« (Niklas Luhmann). Während wir uns durch die Gesellschaft bewegen, entscheiden wir aufgrund dieses Erfahrungswissens, wie wir den anderen in dieser oder jener Situation am zweckmäßigsten erscheinen sollten.

Konformistisch sein ist somit eine komplizierte, kraftraubende Sache und keineswegs der berühmte »Weg des geringsten Widerstands«. Man versucht dabei, auf möglichst glaubhafte Weise ein *für andere simuliertes Innenleben* nach außen zu kehren. Genau dies ist das in jeder Gesellschaft für uns vorgesehene Programm: Abschaffung des eigenen Nachdenkens zugunsten eines vorauseilenden, über fremde Erwartungen spekulierenden Gehorsams. Dies ist der Weg zur Verkümmerung unseres Selbst, zur Abschaffung unserer eigenen, wertenden Perspektive auf die Welt.

Was bleibt, ist ein allein noch außen operierender Mensch, der auf eingehende Reize umstandslos durch zweckmäßige Verarbeitung in einfachem Denken und Tun reagiert. Der Konformist exekutiert damit die bestehende Ordnung bruchlos, ohne verzögernde oder den Betrieb gefährdende Reflexion; er macht, wie Theodor W. Adorno sagt, »mit der Welt gemeinsame Sache gegen sich«. Dieser zeitlose Typus Mensch ist der Funktionär, dessen Erzählung von sich selbst schlicht und direkt durch die herrschenden Tatsachen und allgemein akzeptierten Forderungen bestimmt ist. Diese gedankenlose Klarheit ist es, die Harry Mulisch und Hannah Arendt in ihren sonst sehr unterschiedlichen Berichten über den Jerusalemer Prozess gegen NS-Verbrecher Adolf Eichmann so erschüttert.

Funktionäre, Leute von gedankenloser Eindeutigkeit und Gradlinigkeit, sind die beste Stütze und das bevorzugte Erziehungsergebnis *jeder* herrschenden Ordnung und *jeder* Organisation: Denn ihnen ist an sich alles Recht, sie sind moralisch anspruchslos – zumindest bis zu dem Moment, zu dem jemand bei ihrem Karrierefortschritt oder einfach bei der Bewahrung ihrer Bequemlichkeit und geistigen Windstille nicht mitspielen will. Da erkennen Funktionäre dann sofort und lautstark, welche unfassbare Ungerechtigkeit ihnen geschieht und wie »verlogen« oder »unprofessionell« die Spielverderber sind.

Dieser Typus des nachdenkfaulen, opportunistischen, grenzenlos selbstgerechten Funktionärs ist der Ansatzpunkt, von dem aus sich die scheinbar unfasslichen Gräuel erschließen und verstehen lassen, die Menschen anderen Menschen mit industrieller Konsequenz bereitet haben; zugleich erschließt sein Einfluss auch die Stabilität und Ausbreitung der gewaltigen menschlichen Errungenschaften der modernen Welt. Denn unselbständige Geister sind umso zuverlässiger im Betrieb. Kein eigener Gedanke kräuselt ihre Stirn, nichts steht ihrem blinden Gehorsam, d. h. ihrer »Professionalität« entgegen.

Wer aufgrund überschüssiger Bildung nicht gedankenlos genug für eine fraglose Funktionärskarriere ist, stellt für jedes System zunächst eine Irritation dar. Die Funktions- und Würdenträger der diversen Apparate müssen dann seine Gedanken und Fragen ertragen und sich fürchten, dass er »unabgestimmt« mit ihren Standardinteressen »etwas tun« könnte. Doch es gibt auch für notorische Selbstdenker und Neinsager ein »Friedensangebot« des Establishments, eine Art zweiten Bildungsweg ins Funktionärsdasein: Wo die Ressourcen es zulassen und die Investition betrieblich lohnend erscheint, wird dem Delinquenten gern ein Coach zugeteilt – also ein Gesprächspartner, mit dem man klärt, welche Art und welche Abfolge von Kompromissen mit den Konformisten die eigene Integrität *gerade noch* zulässt. Einleitend sagt der Coach beim ersten Treffen: »Es geht nicht darum, Sie als Persönlichkeit zu ändern. Es geht nur darum, ihr Verhaltensrepertoire zu erweitern.« Der Subtext ist klar – nicht jeder »Meilenstein« des Aufstiegs ist im aufrechten Gang zu erreichen.

Das prüfende und anverwandelnde Nachdenken der moralischen Person wird beim Funktionär durch Konformismus ausgesetzt und durch das Anrufen und Befolgen bestehender Autorität ersetzt. Davon sind wir alle betroffen, wann immer wir selbstvergessen eine Funktion ausüben. Die Arbeit am Selbst, die das Leben selbst ist, stockt in diesen Momenten. Nicht nur die moralische Person, das Selbst, ist Opfer des Konformismus. Außerdem wird in unserem eigenen Nachdenken und im Austausch mit anderen die Wirklichkeit durch Konformismus aus dem Blickfeld verdrängt. Die Wirklichkeit bleibt auf der Strecke, weil zweckgeleitete Reflexion sie nur in verzerrter Form wahrnehmen kann. Unser vorausgesetztes Ziel und Interesse ordnet das Bild, das wir uns machen; es entsteht eine mit schwitziger Hand skizzierte Karikatur unserer Situation, die ganz von unseren subjektiven Zielen und den Mitteln zu ihrer Erreichung bestimmt ist.

Das Nachdenken über unsere Erfahrung allein führt uns in die produktive Auseinandersetzung mit dem, was uns begegnet ist; nur wo wir nachdenken, sind wir moralische Wesen, die alles nach ihrem Maß beurteilen und deshalb das Vorgefundene vielleicht nicht einfach anspruchslos hinnehmen oder gar glorifizieren. Ohne Nachdenken funktionieren wir für Andere. Wo wir als Funktionär agieren, ist unsere Persönlichkeit nicht gegenwärtig; wo wir *gewohnheitsmäßig* als Funktionär agieren und dies nicht mehr bemerken, sind wir gewissermaßen bei lebendigem Leibe verstorben: Wir können dann nicht mehr ins selbstbestimmte Leben zurückkommen, weil wir nicht sehen, dass wir es verlassen haben.

Wie Menschen am Leben bleiben

Wir kämpfen, jeder in seiner Biographie, mit gutem Grund gegen diese Tendenz unserer Mitgliedschaft in der Gesellschaft an. Niemand will bewusst den Vorbehalt seines Nachdenkens gegen das Tun, seine Moralität, abgeben, die ja zugleich seine Freiheit ist. Das klingt abstrakt, wird aber sofort konkret, wenn wir durchdenken, was es denn eigentlich hieße, »seine Moralität abzugeben«. Wir könnten dann anderen Menschen nicht mehr als Menschen begegnen, sondern nur noch als Funktionären. Außer der sozialen Situation und ihrer Konformitätserwartung, die ich mehr oder minder meistere und erfülle, existiert ohne Moralität *nichts weiter* zwischen mir und anderen Menschen. Diese Leere wird offenbar, wenn Funktionäre sich nach Arbeitsende treffen und ihre Unterhaltung in peinlichem Schweigen verebbt oder direkt in das Durchhecheln von Funktionen flüchtet, zum Beispiel in die ausgedehnte Diskussion technischer Konsumgegenstände oder ihres Arbeitsalltags.

Nehmen wir noch einen weiteren Anlauf, um diese Einsicht zu schärfen: Was *außer* der sozialen Situation und ihrer Konformitätserwartung, was außer dem Funktionieren also, kann überhaupt zwischen Menschen existieren? Nun, Leben: der Prozess des Nachdenkens über unsere Erfahrung, des Einwebens der Erträge dieser Erfahrung in das Selbst, die Ausrichtung unseres Strebens an dem, was wir für wertvoll erachten, und der Austausch mit anderen darüber.

In diesem Austausch verhandelt eine Gemeinschaft von Menschen ihre Identität, ihre gemeinsame Erzählung von sich und in diesem Sinne ihr kollektives Selbst. Aus tausendfachem Verstehen, Missverstehen oder schlichtem »Unvernehmen« (Jacques Rancière) des einen durch den anderen – und mancher durch manch andere – erwächst unkoordiniert ein Netz des Säglichen, und zugleich damit ein Gespür für das in einer Gemeinschaft Unsägliche.

Es wird so nie *letztlich* oder *endgültig* klar, was es bedeutet, z. B. Deutscher, Anwalt, Gewerkschaftsmitglied, heterosexuell oder homosexuell zu sein; aber Etliches dazu wird in etlichen Kombinationen und Schattierungen sagbar. Wir bleiben im Ungefähren, wenn wir anderen etwas zu bedeuten versuchen. Und dieses Ungefähre, das wir einander sagen und auf das wir ungefähr erwidern, reicht aus, dass wir uns einer Welt zugehörig und im Netz unserer Sprache und Gesten zu Hause fühlen.

Diese Vagheit unserer tatsächlichen Gemeinsamkeit in jeder Gemeinschaft bereitet uns im Austausch mit anderen eine stete Verunsicherung über die gemeinsam bewohnten sozialen Verhältnisse. (Diese Vagheit entspricht genau dem gewissen Moment der Selbsterfindung, das wir einzeln erleben, wenn wir philosophieren und so das Handwerk unseres Lebens suchen.) Als Mitglieder einer Gemeinschaft gewähren wir einander diese Verunsicherung aufgrund der gesteigerten Intensität unserer Verständigungsversuche *gerade* dann, wenn wir uns klar ausdrücken und wirklich verstanden werden wollen. Die bestimmte, angestrengte, vielleicht um Zustimmung werbende Verwendung bekannter Worte bringt die Verständnisunterschiede der Gesprächspartner erst voll zum Tragen.

Diese Verunsicherung darüber, was unsere *geteilte* Identität bei allem Unterschied unserer Geschichten ist und was sie verlangt, ist das Anfangsmoment der Politik. Es ist da gegenwärtig, wo Menschen sich nachdenkend begegnen, einfach aufgrund unserer Verfassung als endliche Wesen mit einer bestimmten Position im kontinuierlichen Zusammenhang aller Dinge, die unsere Einsicht beschränkt. Aus diesem Moment, aus dieser Kraft heraus können die Dinge anders werden, als sie sind; in diesem Moment liegt (oder fehlt) die ganze Lebendigkeit einer Gemeinschaft. »Erst wo mehrere beisammen sind, wird die Welt entkräftet, da sie aus der Gegenfront des Lebens zu ihrem Medium wird« (Günther Anders).

Denn im Nachdenken mit anderen können wir die gemeinsam vorgefundenen sozialen Verhältnisse nicht einfach als Anordnung gegebener und legitimer Zwecke, als Zweckanstalt, behandeln und exerzieren. Wir erfahren in jedem Austausch sofort, dass wir nicht dasselbe sehen und begreifen, obwohl wir vom selben Gegenstand sprechen wollen. Kommunikation stammt aus Unverständnis, aus dem Bedürfnis, gemeinsames Verstehen zu erreichen, abzusichern und es zu behüten, um darauf bauen zu können. Das Nachdenken gemeinsam mit anderen bringt uns in Kontakt mit deren Erfahrung und ihrer Art, sie zu verarbeiten.

Damit treten drei unberechenbare Elemente auf den Plan: die tatsächliche Erfahrung des Anderen, seine Verarbeitung dieser Erfahrung im Lichte dessen, was er bis hierher wusste oder zu wissen meinte, und schließlich der Grad meiner eigenen Aufnahmefähigkeit für das Gebotene. Sicher ist dabei, dass die Erfahrung des Anderen meiner eigenen nicht entsprechen kann; auch kann sein Vorwissen nicht genau mein Vorwissen sein. Und was er mir im Austausch bietet, wird durch meine Erfahrung und mein Vorwissen zu dem karikiert, entstellt, parodiert oder glorifiziert und immer vereinfacht, was ich dann verstehe.

Die soziale Ordnung, in deren Kontext wir sprechen und Rollen unterschiedlicher Macht innehaben, erlaubt dem jeweils Mächtigeren, dem Vorgesetzten, die Übergehung dieses Dissenses und die praktische Anordnung eines »Weiter-im-Text«. Dies tun wir dann, wenn wir *einfach* denken, nicht aber wenn wir unserer Erfahrung nachdenken. Mit dem Machtwort des Vorgesetzten wird das gemeinsame Nachdenken verlassen. Denn dieses besteht gerade darin, den Dissens mit Erfahrung und Folgerungen des Anderen zu erfassen und bei ihm zu verweilen. Nur so können meine und die fremden Erfahrungen mit dem ins Widerspiel gebracht werden, was der Andere und ich als gemeinsame Geschichte aufzubringen vermögen.

Nur durch die bewusste Suspendierung des sozialen Rollen- und Machtgefüges für unsere Begegnung mit dem Anderen wird Austausch mit diesem Anderen zur Politik – zur Arbeit an einer gemeinsamen Identität, an der Identität (dem Selbst) einer Gemeinschaft. So wird die soziale Ordnung der Sprechenden für diese wieder zu dem, was sie unabhängig von ihnen immer ist – ein historisch erwachsener Lebensraum, in dem *mein Selbst* objektiv Bedeutung und Einfluss hat, weil es das Tun und Handeln *anderer wie mir selbst* war, das diesen Lebensraum erschaffen hat. In diesem Tatbestand liegt die Notwendigkeit der neuzeitlichen Festlegung auf gleiche Rechte für alle in der Gesellschaft, das unsere Rechtsstaaten absichern sollen.

So entsteht Handeln. Erst treten wir individuell aus dem einfachen Denken in erlernten Gehorsamsreflexen aus und hören damit auch auf, einfach etwas zu tun. Sozial beginnt das Handeln im nachdenklichen Austausch mit anderen: Wir setzen die auf unserer Stille ruhende Eintracht mit den herrschenden Verhältnissen aus und beginnen Verständigung und Politik. Denn der Mensch, der einfach denkt und einfach tut, der also funktioniert, handelt nicht, sondern führt die herrschende Ordnung aus, und er bleibt dabei, wie er eben geworden ist – so, wie er den Machthabern ungefährlich und nützlich ist.

Wurde er zu einem neidischen Karrieristen herangebildet, der im engsten Kreis materiell verstandener Eigeninteressen umhergeht und seine Geisteskräfte auf die »Optimierung« seiner »Einkaufserlebnisse« verwendet, so wird er die Welt eben als solcher zugrunde richten. Er wird auch die Politik nicht suchen, d. h. die Verständigung mit anderen über ihre Erfahrung und die gemeinsame Schlussfolgerung eines öffentlichen Handelns. Stattdessen wird er betriebsam einsam sein und seine Gesellschaft wird einfach fortgeschrieben, bis »der letzte Zentner Kohle verglüht ist«, wie Max Weber es düster ausdrückt.

Weder für sich selbst noch mit anderen vermag dieser Mensch etwas zu verändern; die herrschende Autorität wird bedient, was in der Umgebung als rational oder gar vernünftig gilt, wird weiter exekutiert, und *nichts kann anders werden, als es ist.* Dieser Zustand, nicht das Erkalten des Körpers, ist der Tod, die letzte Erstarrung eines Wesens, das nicht nur zu denken, sondern nachzudenken vermag und das deshalb nicht nur Untertan seiner Prägungen und sozialen Situation ist, sondern durch sein Handeln auch ihr Gestalter.

Auf diesen Pfad zur moralischen Abdankung wird der Mensch in jeder Gesellschaft durch ihren notwendigen Konformitätsdruck gedrängt. Ihm zu folgen muss in jeder Gesellschaft individuell vermieden werden. Alles menschlich Bedeutsame und dem Betrieb unserer Gesellschaft Hinderliche behauptet sich in diesem Ringen des Einzelnen, oder es geht mit dem Verlust der Moralität zu Ende – mit der Aufgabe des Vorbehaltes unseres Nachdenkens gegen das Tun, mit dem Konformismus, der uns ums Leben und dafür in Funktion bringt.

4. Die Ordnung des Ansehens

Den gerade geschilderten Kampf des Einzelnen um seine moralische Integrität und wider die Notwendigkeit der Anpassung verursacht jede Gesellschaft ihren Mitgliedern. Das Besondere an der Industriegesellschaft unserer Gegenwart sind die vielgestaltigen Formen und die abgestuften Grade der Gewalt, mit der sie uns in die Bahn des Funktionärs drängt. Sie erreicht es, dass das fröhliche und effiziente Verfolgen jedes beliebigen Zwecks, also eine moralisch gewissenlose Pragmatik des Funktionärs, zur vorherrschenden Mentalität wird – und dass die meisten Opfer dieser Mentalität und ihrer Folgen keinerlei Problembewusstsein entwickeln.

Diese Wirklichkeit, unsere Gegenwart, hat eine lange Vorgeschichte der systematischen Schwächung des eigenständigen Nachdenkens und damit der moralischen Person. Diese Vorgeschichte erklärt, wie heute die moralische Erledigung und praktische Einordnung des Einzelnen in die Industriegesellschaft nahezu »flächendeckend« gelingen kann. Deshalb betrachten wir sie in diesem Abschnitt. Diese Erzählung bedeutet einen gewissen Gangwechsel gegenüber den Vorkapiteln: Wir denken jetzt in ideengeschichtlicher Perspektive nach mit dem Ziel, unsere Lebenssituation in der Gegenwart von ihren Anfangsgründen, ihren Prinzipien her zu verstehen.

Unsere Selbstverständlichkeiten und ihre Vorgänger

Eine gesellschaftliche Disziplinierung, die Menschen um ihr Nachdenken bringt und sie zu Funktionären wandelt, *muss* weitgehend unbemerkt geschehen, um unangefochten zu bleiben. Unumstritten kann nur eine Logik herrschen, der ein spezielles Kunststück gelingt: Sie muss bei allem, was gesagt und getan wird, gegenwärtig sein. *Nur dadurch* kann sie zuverlässig verborgen bleiben. Die historische Grundlage der Industriegesellschaft muss in einer Verbindung von Gefühlen und Gedanken liegen, ohne die wir unser Denken und Tun nicht verstehen können – und die wir doch gewöhnlich nicht für sich allein betrachten. Kurz: Wir müssen das »Selbstverständliche« an unserer Kultur finden. Denn nur was sich angeblich von selbst versteht und was deshalb nicht diskutiert wird, hat uns wirklich vollkommen in seiner Gewalt. Und von dem her gedacht, was uns in seiner Gewalt hat, wird manches andere dann klar. Welche Selbstverständlichkeiten unserer Gegenwart erklären also den verheerenden Disziplinierungserfolg der Industriegesellschaft?

Jede Antwort auf diese Frage ist angreifbar und auch mit Gründen bestreitbar. Mehrere gut durchdachte, in sich stimmige Erwiderungen sind denkbar, die jeweils einen anderen gedanklichen Ansatzpunkt wählen. Aber das ist kein Problem und bedeutet auch keinen Einwand gegen den Erklärungsversuch, den wir hier unternehmen werden. Es ist offenkundig, dass sich mehrere Selbstverständlichkeiten über die Zeit als Elemente unserer Gegenwart eingestellt haben: Geldwirtschaft, Handel und Arbeitsteilung wären materiell orientierte Beispiele; im eher geistigen Bereich kann man u. a. an Individualismus, Verrechtlichung und die Sucht denken, den Raum unserer Freiheit mit Nichts auszufüllen (d. h. sich medial unterhalten zu lassen). Ausgehend von jeder dieser Selbstverständlichkeiten lassen sich Kulturdiagnosen und Kulturkritiken unserer Gegenwart schreiben, die zu Recht genau daran Anstoß nehmen, dass diese Faktoren *wie selbstverständlich* und deshalb vollkommen ungehindert über unser Leben herrschen.

Meines Erachtens gibt es aber *einen* zur Selbstverständlichkeit erwachsenen Faktor unserer Kulturgeschichte, der sowohl konkretere als auch allgemeinere Einsichten erlaubt als die anderen Selbstverständlichkeits-Kandidaten. Diese selbstverständlichste Selbstverständlichkeit, die uns stetig anleitet und einschränkt, deren äußere Formen sozusagen den Alltagsanzug unseres Selbst bilden, ist unser Begriff von Ehre – verstanden einfach im Sinne von Ansehen oder Status. Wir konzentrieren uns also auf das, was man als äußere oder formale Ehre bezeichnen kann.

Warum sollte man dem äußerlich verstandenen Ehrbegriff eine so zentrale Rolle bei der Analyse unserer selbst und unserer Gegenwart geben? Ist es nicht eine triviale Wahrheit, dass sich zu allen Zeiten Menschen an den vermuteten Erwartungen anderer orientieren, um daraus Gewinn für ihren Status zu ziehen? Ja: »Der Mensch lebt oft mit sich und bedarf der Tugend, und er lebt mit anderen und bedarf der Ehre« (Nicolas Chamfort), das ist nichts Neues. Und es stimmt auch, dass es tief in unserer Geschichte wurzelnd eine Vielzahl moralisch inhaltsreicher, nicht bloß auf äußeres Ansehen bezogener Ehrbegriffe gibt; man denke nur an die geradezu sprichwörtlichen Ehrvorstellungen der Ritterlichkeit, des ehrbaren Kaufmanns, der mittelalterlichen Handwerksgilden oder an religiös fundierte Vorstellungen wie die tätige Nächstenliebe eines Christen.

Im zweiten Kapitel war allgemein vom direkten, lebenspraktischen Sinn der Wertvorstellungen die Rede, die engräumige Gemeinschaften mit einem geteilten Ethos ihren

Die Ordnung des Ansehens

Mitgliedern zuverlässig vermitteln konnten. Wir sprachen dort auch schon von der eigentümlichen Distanz, die wir neuzeitlichen Menschen zu den Werten haben, die unser Tun und Lassen anleiten. Denn mit Industrialisierung und anonymer Massengesellschaft ist eine Epoche aufgezogen, in der klar ausformulierte moralische Leitbilder viel von ihrer Integrationskraft verloren haben. Sie sind zu Milieubegriffen geworden, die nicht dazu taugen, die Gesellschaft als Ganze zusammenzuhalten.

Ein äußerlicher Ehrbegriff von Status oder Ansehen – »eine rätselhafte Mischung aus Gewissen und Selbstsucht« (Jacob Burckhardt) – ist das soziale Integrationsmittel, das uns nach dieser Entwicklung verblieben ist. Wir spielen ein an Äußerlichkeiten statt an moralischen Inhalten orientiertes Positionierungsspiel miteinander. Der wechselseitige Ehrerweis und Ehrentzug in diesem äußerlichen Sinne von Status und Ansehen hat in der Neuzeit grundlegende Bedeutung für die Stabilität der Gesellschaft gewonnen – genau in dem Maße, in dem allgemeinverbindliche Ideale in streitbare Fraktionen auseinandergefallen und im geteilten Bewusstsein verblasst sind. Deshalb legt unsere Gegenwartsdiagnose das Augenmerk auf Ehre im Sinne von Status und Ansehen einer Person in den Augen der anderen Gesellschaftsmitglieder.

Um diesen gedanklichen Ansatzpunkt noch besser zu verstehen, nehmen wir uns die Zeit, einen Blick auf die Vorgängerkultur der Neuzeit in Europa zu werfen. Hören wir einen Augenblick dem Ideenhistoriker Will-Erich Peuckert zu, der die mittelalterliche Ordnung als eine Welt des bäuerlichen Denkens beschreibt:

> Ein Bauer zu sein, das war der Auftrag Gottes an den Menschen, als er Adam aus dem Paradiese stieß […]. [J]ene Zeit hat die Urvätersagen in der Bibel noch als eine unabdingbare,

ernste Wahrheit hingenommen, wie Berthold von Regensburg, der große Prediger, jede wahre Arbeit, ›des Baumannes an seinem Bau, des Kaufmanns an seinem Kauf, des Handwerksmannes an seinem Handwerk, des Ritters an seiner Ritterschaft‹, als eine Bauernarbeit angesehen hat. Nicht nur ›der Mensch‹ ist letzten Endes ›Bauer‹, alle Kategorien seines Lebens, ob es Geburt oder Tod ist oder eheliches Werk, erhalten von daher ihren Sinn. […] [D]as bäuerliche Denken und das von den Bauern gestaltete Leben [bestimmte] alles. Der König des Mittelalters war ein Bauernkönig. […] Ein *pater familias* (im Sinne eines Familienoberhaupts; Anm. Andrick) ist der König, und ein *pater familias* ist dem mittelalterlichen Menschen Gott.

Peuckert stellt weiter anschaulich und lesenswert die Verzweiflung der Zeitgenossen am Heiligen Römischen Reich Deutscher Nation dar: die wiederholten Versuche einer »Reichsreform« von Kaisern und Geistlichen schon lange vor der tatsächlichen Reformation Luthers, die Mythen und Phantasien vom »guten Kaiser«, der zur Endschlacht von den Toten auferstehen und die Dinge wieder ins gerechte Lot bringen werde. All das ist der Ausdruck von Enttäuschungen, die konkrete Personen einer bäuerlich geprägten Bevölkerung verursachten, weil sie eben nicht die im göttlichen Weltenbau für sie vorgesehenen Pflichten zu erfüllen schienen.

Die Liebe, die Loyalität und das Streben der Menschen sind im Mittelalter auf Personen gerichtet, die sich als Teil derselben göttlichen Ordnung begreifen konnten; und so ist auch die Verzweiflung über das Versagen dieser Ordnung stets an Personen festgemacht. Die Hoffnung auf Besserung der Verhältnisse richtet sich nicht auf neue Ideen oder Prinzipien wie in späteren Revolutionen – sondern auf Personen, die ihrer gottgewollten Rolle zum Wohle aller endlich wieder gerecht werden.

Aber diese Hoffnungen sind vergeblich, die in bäuerlichen Bildern denkende Gemeinschaft von den Zeitläuften überholt. ›Treu und Glauben‹ des alten Lehensverhältnisses sind verlorengegangen, überdehnt und ausgeleiert von den technischen und sozialen Entwicklungen. Die großen Entdeckungen an der Wende zum 16. Jahrhundert – Amerika, der Buchdruck, die doppelte Buchführung in der Kaufmannschaft, der Seeweg nach Indien und die weitere Erkundung der Weltmeere – werden nicht von bäuerlichen, sondern von städtisch-bürgerlichen, oft von kaufmännischen Interessen getrieben; sie sind für Peuckert das Wetterleuchten der Neuzeit. Mit ihnen hatte der »Grundstock« des bäuerlichen Denkens, der die Basis der Gemeinschaften und des Denkens bildete, nichts zu tun. Der Schwur auf persönliche Treue und eine Erdscholle war als Bannspruch böser Geister der Unordnung untauglich geworden – zumal es nun auch sein konnte, dass der, dem man da schwor, einer anderen Konfession des zersplitterten christlichen Glaubens angehörte als der eigene Nachbar und sein Fürst.

Isaac Singer hat Esriel, dem vom Glauben abfallenden jungen Rabbi seines Romans *Das Landgut*, einen vielsagenden Stoßseufzer in den Mund gelegt; er bringt den epochalen Wandel von Renaissance und Reformation 300 Jahre später auf den Punkt, und es klingt darin eben die Ratlosigkeit an, die noch heute bei uns ist: »Er hatte Gott entsagt, aber war abhängig von allen möglichen Bürokraten. Esriel fühlte, dass er einen Fehler gemacht hatte. Aber was genau war sein Irrtum gewesen? Wie ließ sich das wieder zurechtbringen?« Es lässt sich hier nichts »zurechtbringen«; wir bezahlen unsere Uneinigkeit in weltanschaulichen Fragen bis heute und unabänderlich mit einer Anonymisierung der Strukturen unserer sozialen Wirklichkeit.

Der Vorgang, in dem das von Peuckert beschriebene Geflecht enger Gemeinschaften mit einer geteilten Vorstellungswelt zur anonymen Massengesellschaft wird, hat Norbert Elias als einen Disziplinierungsprozess beschrieben. Die entstehenden Zentralstaaten ziehen die Machtverhältnisse aus dem Persönlichen, aus dem direkten Verhältnis zwischen einander bekannten Menschen in den unpersönlichen Bereich der Struktur, des Verwaltungsapparats. Damit entsteht ein neues soziales Spielfeld; es wird lebenspraktisch notwendig für den Einzelnen, sich an den vermuteten Anforderungen der anonym gewordenen anderen und der Verwaltungsapparate zu orientieren, die jetzt über ihn herrschen.

Im Mittelalter war der Grund der Ehre oder Schande einer Person ihre Erfüllung oder Missachtung ihrer gottgewollten Funktion in der Gemeinschaft. Heute liegt mein Ansehensgewinn oder -verlust an der Erfüllung oder Missachtung der *von anderen Menschen* für mich gewollten Funktion in der Gesellschaft. Unsere Existenz ist jetzt nicht mehr konkret-gemeinschaftlich, sondern abstrakt-gesellschaftlich bestimmt. Und eben diese Entwicklung und Dynamik rückt der ganz äußerlich, im Sinne von Ansehen und Status verstandene Ehrbegriff in den Mittelpunkt.

Die konkreten Ehrvorstellungen der mittelalterlichen Stände und Gruppen sowie oftmals des christlichen Glaubens schwingen aber weiter mit, wenn wir heute von Ehre sprechen, wenn wir einander loben oder tadeln. Das Prestige von Vorstellungen der Ritterlichkeit, des ehrlichen Kaufmanns oder des guten Christen bestimmt weiter mit, was wir über das eigene und anderer Leute Verhalten fühlen, denken und aussprechen. Als Koordinationsmittel einer in soziale Klassen und weltanschauliche Milieus aufgespaltenen Gesellschaft können solche moralisch bestimmten Begriffe von Ehre und Schande aber nicht mehr dienen. In dieser geschichtlichen Situation blicken wir deshalb auf das kollektive Spiel des äußerlichen Ehrerweises und Ehrentzugs der Gesellschaftsmitglieder untereinander. Aus dieser Perspektive können wir heute unsere ganze sittliche Ordnung, die Manier und die vorherrschende Atmosphäre unseres Zusammenlebens aufschlüsseln.

Der Druck von Jahrhunderten

Die genaue Aufklärung dieser modernen Ordnung der Ehre, die eine Ordnung des wechselseitigen *Ansehens* der Menschen ist, wird uns etwas Mühe machen; ihre inneren Zusammenhänge sind nicht ganz einfach. Aber sie zu verstehen, eröffnet weitgespannte Einsichten. Den Erkenntnishorizont, in den wir mit den folgenden Überlegungen gelangen wollen, hat Hannah Arendt in ihren Schriften über das Böse aufgezeigt. In diesen Texten diskutiert sie ausgiebig das Dritte Reich.

Was ihr an Hitlers Diktatur und ihren Verbrechen rätselhaft erschien war *nicht*, dass es fanatische Antisemiten, Sadisten und andere psychisch gestörte Personen gab, die schlimmste Verbrechen an wehrlosen Opfern begingen. Moralisch gesehen interessierte sie gerade nicht der verblendete »Überzeugungstäter« oder der gewöhnliche Verbrecher. Denn eine gewisse Zahl solcher Gestalten fand sich ihrer Ansicht nach zu jeder Zeit; sie würden stets jede herrschende Ideologie exekutieren, und sei sie noch so absurd und menschenverachtend.

Für Arendt lag das Rätsel in denen, die sich »lediglich *gleichschalteten* und *nicht* aus Überzeugung handelten« – und in der erstaunlich bruchlosen Rückverwandlung dieser Täter in unauffällige Bürger nach der totalen Niederlage Deutschlands. Rolf Hochhuth hat in seinem Stück *Der*

Stellvertreter solche Fälle eindringlich geschildert, z. B. einen »Scharführer der Waffen-SS«, den Feldwebel Witzel: »Der rüde, zotenfreudige, bramarbasierende Ton, den er Juden und anderen Wehrlosen gegenüber anschlägt, weil das so üblich ist, passt schlecht zu ihm. Witzel hat diese brutale Geschwätzigkeit, ohne es zu merken, auch ganze Sätze, so schnell von seinem Vorgesetzen übernommen, wie er sie sich wieder abgewöhnen wird, sobald sein Vorgesetzter gewechselt hat. Er ist 1959 ein verlässlicher Staatsbürger.« In der Regieanweisung bemerkt Hochhuth, der Darsteller Witzels solle in anderen Szenen einen Pfarrer und einen »jüdischen Kapo« spielen – »man sollte ihm, wenn er die Rolle wechselt, nicht einmal ein Bärtchen ankleben«.

Dieses Buch arbeitet an demselben Rätsel, das Arendt beschäftigte und das Hochhuth so bedrückend illustriert hat; unsere Frage aus dem Eingangskapitel lautete: Wie erreicht die Industriegesellschaft *unseren* Konformismus – unser praktisch vorbehaltloses Tun zu allen nur möglichen Zwecken? Deprimierend wenige Menschen, die unter dem Einfluss moderner Verwaltungen standen, haben in den Massenverbrechen und Kriegen des 20. Jahrhunderts moralische Eigenständigkeit gewahrt. Schaffen wir das heute?

Unsere globale Wirtschaftsordnung bewirkt gleichzeitig mit einem ungeahnten Wohlstandsgewinn für Milliarden auch die menschliche Katastrophe radikaler Ungleichheit sowie ökologische Krisen; so gibt es heute ein ganzes Berufsfeld im Nichtregierungsbereich, das diese Ordnung mit nur schwer abweisbaren Gründen als ein *institutionalisiertes* Verbrechen diskutiert. Jean Ziegler, Jahrzehnte in UN-Funktionen, schildert den aktuellen Zustand in seinem letzten Buch als eine »kannibalistische Weltordnung«. Diese Erscheinungen führe ich darauf zurück, dass zu Beginn des 20. Jahrhunderts eine bestimmte Form sozialen Anpassungsdrucks schon jahrhundertelang wirksam gewesen war;

genau diese besondere Erscheinungsform und Logik sozialer Konformierung ist es, die ich die die *Ordnung des Ansehens* nenne.

Sie ist zumindest für den europäisch-amerikanischen Kulturbereich charakteristisch, für andere kann ich dies nicht beurteilen. Dieses spezielle System der Entwöhnung vom Nachdenken, der stetigen Ablenkung von Bau und Pflege des Selbst, wuchs und befestigte sich kontinuierlich. Die Massenarmee ebenso wie die Massenpartei und die Massenorganisationen generell sind das Produkt und der Ausdruck der Ordnung des Ansehens; ihr Kennzeichen ist die vollkommene Außenleitung der Einzelnen und die gleichzeitige Ausschaltung ihrer moralischen Eigenständigkeit durch Entwöhnung vom Nachdenken.

Dass es Massenorganisationen überhaupt geben konnte und dass sie bedeutende historische Wirkung entfalteten zeigt, dass die Schwächung und oft die Vernichtung der moralischen Identität des modernen Menschen durch die Ordnung des Ansehens ihnen vorausgegangen war. Die Institutionen, die Massenverbrechen organisierbar machen, sind deshalb effektiv, weil sie die Mentalität des modernen Konformisten ihrem Kalkül zugrunde legen können. Hitler z. B. war nach der »Machtergreifung« nicht darauf angewiesen, einem Volk von intakten moralischen Personen manipulativ den benötigten Konformismus aufzuzwingen. Die Deutschen waren, wie andere moderne Menschen und wie wir heute, bereits kulturell zum Konformisten ausgebildet.

Man stelle sich die in die Zukunft offene Geschichte als ein Netz von aktuellen Begebenheiten vor, das bestimmte Entwicklungen erlaubt und andere aus dem Raum der Möglichkeiten ausschließt. Die industriell organisierten Massenverbrechen ebenso wie die planvolle Vernichtung des Ökosystems unseres Planeten sind als Möglichkeit seit Anbruch der europäischen Neuzeit im Netz der Geschichte angelegt; ihr Auftreten bedeutet nicht, dass die Menschheitsgeschichte mit diesen Verbrechen in eine neue Epoche eintritt, sondern dass sie kulturell über lange Zeit eine Möglichkeit aufgebaut hat, die nun abgerufen (oder »aktualisiert«) wird. Der Epochenwechsel lag *seinem Prinzip nach betrachtet* lange vor dem Auftreten von Verbrechen und Verbrechern neuen Typs, die etwa kolonialpolitische Völkermorde oder den Holocaust ausführen konnten.

Haben wir Grund daran zu zweifeln, dass die politische Führung die deutsche Reichswehr und Verwaltung schon im Ersten Weltkrieg zu einem Massenmord an einer bestimmten Bevölkerungsgruppe hätte einsetzen können? Eine entsprechende ideologische Vorbereitung und der spätere »Befehlsnotstand« (d. h. die Kommandonormalität) des Krieges waren auch früher und in anderen Ländern herstellbar. Wäre die Abbautechnik des »Mountaintop Removal«, die zur Ausbeutung von Erzen ganze Berge zersprengt und eine Mondlandschaft mit schwermetallverseuchtem Grundwasser hinterlässt, schon vor 100 Jahren bekannt gewesen, wären die Berge schon vor 100 Jahren gesprengt worden. Die Institutionen der Industriegesellschaft mit ihrer inneren Dynamik des wackeren, fraglosen Konformismus sind Produkt der historisch tief wurzelnden Ordnung des Ansehens, die von konkreten moralischen Inhalten völlig abgewandt ist. Sie stellen das gewaltige Mobilisierungspotential dieser Mentalität jeder mit Macht und minimalem psychologischem Geschick auftretenden Führungsperson oder -partei bereit.

Sprachfindungsstörung

Eine Logik von Status und Ehrgeiz ordnet unser Verhalten und erklärt unser spezielles neuzeitliches Verhängnis; dabei bleibt sie durch ihre Allgegenwart weitgehend unsichtbar. Deshalb hat diese Logik tausend Freunde und sehr effektive Verteidiger: Denn das etablierte Denken geht *nach den begrifflichen Mustern von Ehre und Ehrgeiz* vor sich, sodass jeder Versuch, diese Logik als solche zum Thema zu machen, mit etablierten Denk- und Sprachmustern brechen muss. Das muss uns Kommunikationsprobleme bereiten. Denn Fische, so bemerkt David Foster Wallace, wissen nichts von Wasser und werden deshalb auf einen Vortrag zu diesem Thema mangels Achseln mit Flossenzucken reagieren.

Das Selbstverständliche wird normalerweise nicht besprochen. Um den Status quo zu benennen und zu hinterfragen, muss ich also in gewissem Sinne schwer verständlich sprechen. Es reicht für jeden Konformisten der bestehenden Ordnung deshalb aus, darauf hinzuweisen und zu fragen »Was wollen Sie eigentlich sagen?«; worauf ich dann antworten muss: »Nichts, auf dessen Ausdruck unsere Sprache eingestellt wäre, sondern genau das, was sie zu verbergen am besten geeignet ist.« Denn jeder wirklich grundlegende Irrtum, also jeder *gesellschaftsstiftende* Irrtum, hat eine ganze Sprache zum Komplizen – schließlich gilt nur das in unserer Sprache waltende Verständnis der Dinge als *gesunder Menschenverstand.*

Um in dieser Erkundung weiterzukommen, müssen wir zuallererst eine Sprache finden, die unsere Selbstverständlichkeiten durchbricht – die uns eine Außensicht unseres industriellen Daseins herstellt. Wir erkennen eine solche Sprache daran, dass sie uns befremdet, dass sie uns Verständnisschwierigkeiten macht und dass uns ihr Gebrauch vor anderen unangenehm, vielleicht peinlich ist. Denn wir verstehen andere und die Dinge aus dem Innenraum unseres industriellen Daseins heraus. Unsere Worte, Gesten, Fragen und Antworten, unser Verständnis anderer und die soziale Anerkennung unserer selbst beruht auf der Sprache, die in diesem Innenraum gepflegt wird, die ihn zugleich darstellt und bekräftigt, die ihn stützt und reproduziert. Diese Sprache ist die heutige Wohnung unseres Denkens und Fühlens, von der eingangs des zweiten Kapitels die Rede war.

Sie auch nur teilweise zu verlassen, ist eine Aufkündigung der Loyalität zu dem, was uns doch angeblich verbindet, was uns mit anderen gemeinsam eine Heimat schafft und erhält. Jede Veränderung verlangt diese Aufkündigung des Einverständnisses, die immer von Einigen als Angriff erlebt werden kann. Texte über grundlegende Irrtümer sind Zumutungen an unser gewohntes Denken und an die Sprache, die wir führen und die uns führt; sie sind eine Einladung, sich selbst und alles um uns herum anders zu verstehen als bisher. Nur von weit hergeholte Thesen, die das Gebälk der erlernten Sprache ächzen machen, haben überhaupt die Aussicht, in »die Herzen der waltenden Schatten« (Paul Celan) zu treffen. Andere Thesen legen gar nicht darauf an, weil sie von einem Standpunkt aus lanciert werden, der zu nah an diesen Herzen liegt und deshalb selbst verdunkelt ist.

In unserm Fall ist die benötigte Sprache eine neue und andere Rede über das Leben, das Selbst, die Philosophie, über Moralität und Anpassung, über Ehre, Ehrgeiz, Arbeit und die Arbeitswelt sowie über die in ihr kultivierte verzerrte Menschlichkeit. Wir stehen an diesem Punkt der Überlegung schon mitten in der Bemühung, uns unserem gewohnten Gebrauch dieser Begriffe zu entfremden, ihre Anwendung zu verschieben oder ganz neu zu bestimmen –

denn nur so können diese Begriffe zum Werkzeug eines neuen Verständnisses unserer Lebenssituation werden. Die neue Redeweise verlangt dann eine gewisse Gewöhnung, bis sie nicht mehr lächerlich oder abstrus erscheint.

Einige Zumutungen der neuen Sprache sind schon angeklungen und mögen manche Leser verärgert oder irritiert haben; z. B., dass vielen in der Industriegesellschaft kein Leben gelingt, sondern bloß die Einnahme einer Funktion. (Siegfried Kracauer hat diese dunkle Vermutung, »dass unter den gegenwärtigen ökonomischen und sozialen Bedingungen die Menschen das Leben nicht leben«, bereits vor dem Zweiten Weltkrieg formuliert.) Spricht der Konformist: »Aber Leben heißt, den Spielregeln folgen und ins Reihenhaus (oder besser noch die Villa) einziehen. *Just do it.*« Genauso abwegig klingt zunächst die Einsicht, auf die dieses und die nächsten Kapitel zusteuern – dass die Stammtugend der Industrie- und Wettbewerbsgesellschaft, der Ehrgeiz, eine Schlüsselrolle bei der Vereitelung unseres Lebens spielt. Wieder der Konformist: »Aber was, wenn mein Ehrgeiz ist, der beste aller Christenmenschen zu sein? Was ist daran auszusetzen?«

Vielen gelingt kein Leben, und der Ehrgeiz spielt eine wesentliche Rolle in diesem Zusammenhang: Stimmen diese beiden Behauptungen, auf die wir den Konformisten – nur für den Moment unwidersprochen – antworten ließen, dann ist das Selbstbild unserer Gesellschaft unrealistisch. Denn die Leitvorstellung unseres Grundgesetzes und anderer westlicher Verfassungen ist die »freie Entfaltung der Persönlichkeit«. Dies sollen die staatlichen Institutionen garantieren und praktisch ermöglichen. So lernen wir es in der Schule, und die Helden unserer Vorabendserien sind deshalb auch Menschen, denen dieser Betrieb der Selbstverwirklichung auf die eine oder andere Weise zu glücken scheint. Sie investieren sich in den Betrieb und werden belohnt.

Dementsprechend ist es das gewöhnliche Selbstbild der Mitglieder unserer Gesellschaft, dass wir ein Leben nach eigenem Plan führen – und dass unser Erfolg dabei ganz wesentlich von unserem Ehrgeiz abhängt. Auch diese individuelle Spielart unseres gesellschaftlichen Selbstverständnisses muss unrealistisch sein, wenn die in diesem Buch entwickelten Analysen zum Schicksal des Funktionärs und (die noch ausstehende) zum Wahnsinn des Ehrgeizes zutreffen. In Hinsicht auf das Problem des Ehrgeizes ist diese unrealistische Selbstauffassung sogar besonders verwickelt, denn unser Glauben an selbsterrungenen Erfolg legitimiert den Ehrgeiz als eine Tugend. Nichts, so werden wir später noch sehen, ist moralisch gefährlicher als dieser Irrtum.

Es wäre also überhaupt nicht verwunderlich, sollte die philosophisch Schritt für Schritt »reformierte« Sprache dieses Buchs Anstoß erregen und Ablehnung provozieren. Die Analyse unserer Gegenwart, auf die ich mit dieser Sprache hinaus will, widerspricht dem etablierten »gesunden Menschenverstand«, der uns nach meiner Überzeugung in die Irre führt. Die Krankheit der Welt ist *immer* der »gesunde Menschenverstand« der Gesellschaft. Kein anderer Erreger beträfe den ganzen Organismus und wäre wie dieser allmächtig, ihn zugrunde zu richten.

Aus der Blindheit, die jede einmal etablierte Denkweise mit sich bringt, führt nur historisch offene Aufklärung. Historisch denken heißt annehmen, dass das, was wir kennen, aus anderem geworden ist; aufgeklärt denken heißt, anerkennen und stets mit bedenken, dass unser eigener Standpunkt an Begriffe gebunden ist, die selbst eine Geschichte menschlichen Interesses, Irrtums und Anspruchs haben; eine Geschichte, die unsere persönlichen Einseitigkeiten und Zufälligkeiten mit umfasst.

Keineswegs wirken unsere Begriffe einfach als »ehrliche Makler«, die den Denkenden mit dem Gegenstand seiner Aufmerksamkeit zusammenbringen. Unsere Frage muss deshalb so lauten: Welche Kombination aus neuer Erfahrung und bisher etablierten Denkweisen in unserer Geschichte war es, die den Komplex von Status und Ehrgeiz an die Stelle rückte, unser Leben von Grund auf zu ordnen? Wir denken als Erstes über das Konzept der Ehre im Sinne von Status oder Ansehen in den Augen anderer nach und betrachten in den nächsten Kapiteln dann zunehmend auch den Ehrgeiz.

Das Gehäuse des Ehrbegriffs

Über den Ehrbegriff zu sprechen ist schwer, denn was alles betrifft, ist schwer aufzufinden. Allgegenwart schützt am besten vor Entdeckung. Die Rolle und Macht des Begriffs von Status und Ansehen in unserer Lebenssituation ist schwer zu bestimmen, weil sie mit unserem gewohnten Denken, Sprechen und Verhalten ständig zur Geltung kommt und deshalb *gerade nicht* in Erscheinung tritt, sondern direkt über uns herrscht: Der äußerlich verstandene Ehrbegriff *ist* die zentrale Struktur der modernen Gesellschaft und des dazugehörigen Bewusstseins; er ist nicht *ein Teil dieser Struktur* (»eine tragende Säule«, »ein entscheidender Faktor« o. ä.).

Alle Versuche, die öffentliche Ordnung mit Verweis auf Gottes Willen oder andere jenseits unserer Erfahrung liegende Bezugspunkte zu rechtfertigen, sind gescheitert. Dieses Vorhaben lebt nur noch als mehr oder weniger erfolgreiche Kriegführung gegen vermeintlich »Unerleuchtete« fort; momentan z. B. als islamistischer Terror, der dem US-amerikanischen Militärimperium und seinem Gefolge den Vorwand zu Angriffskriegen und außergesetzlichen Tötungskampagnen liefert.

Ohne den Ehrbegriff als Ordnungsgeist des Verhaltens ist nach diesem historisch über Jahrhunderte erlittenen Befund eine im Großen und Ganzen verlässliche öffentliche Ordnung undenkbar. Und was nicht denkbar ist, das kann auch nicht planvoll aufgebaut werden: Wir können zwar alle Arten von Irrtümern und Verwirrungen *mit* unseren Begriffen anrichten, wir können aber nicht aus dem von ihnen gesetzten Rahmen treten.

Deshalb werden wir nach der Entwicklung der folgenden Gedanken sicher sein können, mitten im Gehäuse des Ehrbegriffs zu leben und das Denken und die Sprache dieser Umwelt und keiner anderen zu kennen und zu benutzen. Nach den Begriffen »Ehre«, »Ansehen« oder »Status« fragen heißt deshalb, unmittelbar uns selbst fragen, welche Art sozialer Wesen wir gelernt haben zu sein. Kleiner, umschränkter lässt sich an diesem Punkt nicht sinnvoll denken. Zeichnen wir also ein Panorama unserer Geschichte und Gegenwart vom modernen Ehrbegriff des Ansehens aus.

Der Ehrbegriff einer Gesellschaft fasst all das zusammen, was einen Menschen zum guten Kooperationspartner im Sinne ihrer Wertvorstellungen macht. Diese Wertvorstellungen einer Gesellschaft sind in Teilen explizit formuliert und erklärt, etwa in einer Verfassung; ebenso wichtig sind aber auch die ungeschriebenen Wertvorstellungen, die einfach praktiziert werden. Der Ehrbegriff einer Zeit ist der Inbegriff dessen, was in einer Gesellschaft gewöhnlich gelobt oder getadelt wird. Wer Anerkennung will, muss diesen Kodex bedenken und seine Anforderungen einhalten.

In diesem Sinne ist ein Wechsel der Gesellschaftsform immer auch die Ersetzung eines Ehrbegriffs durch einen anderen; »gute Kooperation« wird in einer nomadischen Gesellschaft anders verstanden als in einer sesshaften, in einer sozialistischen Gesellschaft anders als in einer kapitalistischen. Bis heute, 30 Jahre nach der Wiedervereinigung, sind etwa die zwischenmenschlichen Umgangsformen ostdeutsch und westdeutsch geprägter Personen oft unterschiedlich. Die einen haben zumeist gelernt, um sich selbst in der Gemeinschaft eher wenig Aufhebens zu machen, weil dies der offiziellen sozialistischen Ideologie mit ihrer Betonung des Kollektivs entsprach. Die anderen sind zumeist auf Selbstdarstellung im Wettbewerb vorbereitet worden, weil dies der offiziellen Ideologie der kapitalistischen, kompetitiven Marktwirtschaft entsprach.

Meine persönliche Ehre, mein Sozialstatus ist der Barometerstand meiner Anpassung an die Erwartungen meiner Gesellschaft, den die Anderen an mir ablesen. Der Stand dieses Barometers ist nie genau zu erkennen und hält meine Beurteiler und mich selbst in steter Unsicherheit. Einerseits ist das Quecksilber stets im Steigen oder Fallen begriffen, je nachdem wer gerade bei mir ist, und andererseits ist auch die Skala des Barometers nie mit völliger Sicherheit zu fixieren. Denn stetig entwickeln sich die konkreten Konformitätserwartungen meiner Gesellschaft im Lichte neuer Erfahrung fort. Irgendwann war es für die Mehrheit akzeptabel geworden, während eines persönlichen Gesprächs das Handy herauszuholen und Textnachrichten zu versenden.

Auch die Personen, die in einer konkreten Situation die Gesellschaft für mich vertreten, bringen stets ihre höchstpersönlichen Deutungen und Erwartungen ins Spiel. Auf Seiten meiner Kooperationspartner wird zudem ebenfalls spekuliert: Denn jedes Menschen Selbst ist einzigartig und unwiederholbar, weil jedes Menschen Erfahrung einmalig und unwiederholbar ist. Deshalb ist die Einschätzung meiner selbst von außen nur sehr annäherungsweise möglich und die anderen tappen bei ihrer Statuszumessung und der entsprechenden Dosierung ihrer Ehrerweise an mich zumindest im Halbdunkeln.

Auch wenn das Sprechen von Ehre ein vages, von Vermutungen und Intuitionen getragenes Geschehen ist, können wir doch nicht darauf verzichten. Unser Reden über Ansehen und Status markiert ein Wähnen und Urteilen übereinander, ohne das eine Gruppe von Menschen nicht als Gesellschaft zusammenhängen kann. Nur im Wege dieses Wähnens und Urteilens darüber, ob jemand die Wertvorstellungen der Gemeinschaft verwirklichen hilft oder ihnen schadet, kann diesen Wertvorstellungen Geltung verschafft und die Gemeinschaft erhalten werden.

Der Begriff der Ehre ist das Werkzeug, um Respekt vor der Ansicht anderer zu beweisen; aber nicht allein vor der Ansicht anderer: denn unsere Ansichten liegen unseren Willensregungen zugrunde, wenn wir versuchen, unseren Wertvorstellungen Geltung zu verschaffen. Der Ehrbegriff von Ansehen und Status ist deshalb unser kulturelles Mittel, Achtung für das Wollen, für die Werthaltungen anderer zu demonstrieren, sie also zu *respektieren*. Indem wir das ebenso ausgedehnte, unendlich komplexe wie oft versteckte Regelwerk des Ehrerweises gegenüber unseren Mitmenschen anwenden – von Begrüßungsritualen bis zum Bemühen um Takt bei der Vermittlung unserer Vorstellungen und der Vertretung unserer Interessen –, zeigen wir permanent, dass anderer Leute Denken und Wollen von uns als praktisch wichtig begriffen und in Betracht gezogen wird.

Die Regeln der Höflichkeit und Etikette werden dabei zumeist eingehalten, ohne dass wir gegenüber anderen auch nur den mindesten Abstrich an der Durchsetzung unserer Befugnisse machen. *Real* ist uns das Meinen und Wollen der Anderen im Ergebnis unseres Handelns meistens gleichgültig. Dennoch verliert das Durchsetzen unserer Befugnisse sozial seine Legitimität, wenn wir das Ritual des Achtungserweises missachten und dem anderen eben nicht »die Ehre geben«, ihn nicht erkennbar respektieren.

Unser Umgang ist zwar eine stete Verbeugung vor der Eigenperspektive, den Wertvorstellungen und dem Wollen der anderen, doch diese Art des Umgangs ist *nicht* Ausdruck einer ständigen Unterordnung oder gar Unterwerfung unter den Standpunkt anderer. Wir kennen zwar komische oder tragische Situationen des »Herumeierns«, in denen aus endlosen Rücksichten auf vermutete Befindlichkeiten der anderen keine Entscheidung zustande kommt – aber sie sind nicht der Regelfall. Eine Kultur des allseitigen Nachgebens hätte die absurde Konsequenz, dass keine Entscheidungen erreicht werden könnten – denn abgesehen von Fällen, in denen ein Kompromiss sachlich möglich ist, stellt jede Entscheidung unter Alternativen die Durchsetzung eines Standpunkts gegen einen anderen dar.

Eine buchstäbliche Interpretation unserer allseitigen Rücksichtsrituale als vollkommen »echtes« Geltenlassen anderer hat also absurde Konsequenzen; auch die abgemilderte Vorstellung, man habe mit dem allgemeinen Respektsritual zumindest öfters ein echtes Anerkennen gerade geäußerter Ansichten oder Absichten im Sinn, hält einer näheren Prüfung nicht stand. Jede Gesellschaft ist eine Machtstruktur, die auf Regelmäßigkeit ihrer Vollzüge zählt. Ihre Statik wäre nie stabil, wenn sie sich von den möglicherweise kurzfristigen Umschwüngen der vorherrschenden Ansichten und Wünsche *mancher* Gesellschaftsmitglieder abhängig machte. Wir demonstrieren mit unseren steten Verbeugungen voreinander also nur, dass wir den anderen als *prinzipiell* gleichberechtigtes Gegenüber respektieren, also berücksichtigen.

Wir müssen im Ergebnis schließen, dass unsere Achtungserweise nur bei oberflächlicher Betrachtung wirklich den anderen Menschen, ihren Wertvorstellungen und Ansichten gelten. Und noch etwas ist klar: Wir können den eigentümlichen Tanz des Ehrerweises, den wir sozial miteinander aufführen, auch nicht ausschließlich als einfache Statuspflege gegenüber den Anderen interpretieren – denn in einer mobilen Massengesellschaft gibt es außerhalb des engsten Kreises täglich wechselnde Andere. Warum also leben wir mit, ja geradezu *in* einem komplexen Ritualwesen des äußerlichen Ehrerweises an Einzelne? Schließlich wissen wir, dass wir diese Einzelnen mit unseren Ritualen gar nicht im Auge haben können und dass sie uns auch nur in den seltensten Fällen zu dauerhaften Kooperationspartnern werden.

Respekt als Autoritätskult

Unser Verhalten lässt sich als Autoritätskult verstehen, als ein Verfassungsritual. Es ist Ausdruck einer erlernten Mentalität, die unsere Werteordnung stabilisiert. Die stete Verbeugung voreinander in der Wahl unserer Worte und in unseren Umgangsformen ist die Anerkenntnis, dass unsere Gesellschaft und meine Befugnisse in ihr auf Willenserklärungen begründet sind, die Menschen getan haben. Unsere Verfassungen sind selbst verfasst, nicht von Gott diktiert.

Nur so verstanden haben sie eine nachvollziehbare Autorität, nämlich *meine* Autorität: Verfassungen sind das Ergebnis einer menschlichen Willenserklärung, die menschliche Wertvorstellungen ausdrückt. Die Quelle aller Normen, unter denen ein Mensch rechtmäßigerweise zu leben kommen könnte, ist in jedem Menschen gegenwärtig; der Souverän bin in diesem Sinne ich als menschliche Person. Der Wille des Menschen ist der Souverän der Neuzeit, und jeder Souverän muss stete Anerkennung fordern, um tatsächliche Macht zu entfalten.

Dieser Kultus scheint keine »westliche«, »abendländische«, oder sonst wie regional eingrenzbare Besonderheit zu sein, wenn ich dies auch letztlich nicht beurteilen kann. Bei internationalen Begegnungen von Menschen aus industrialisierten Gesellschaften geht es aber nach meiner Erfahrung immer nur um *die Art und Weise*, auf die der äußerliche Ehrerweis bei Angehörigen einer bestimmten Nation zu erbringen ist. Dass eine Routine der sichtbaren Statuspflege für Austausch und Kooperation sowie für die Stabilität jeder dieser anderen Gesellschaften fundamental ist, steht aber außer Frage. Dass der menschliche Wille der neuzeitliche Souverän ist, steht außer Frage. Und was außer Frage steht, gilt als selbstverständlich und stiftet damit soziale Realität.

Darin gründet die große Überzeugungskraft, ja die Unabweisbarkeit der neuzeitlichen Forderung nach politischer Gleichheit der Menschen – nach einer durch das Recht veranstalteten Gleichheit, die sich um die vielfältige tatsächliche Verschiedenheit der Personen *gerade nicht* kümmert. Gemeinsam erkennen wir die Oberherrschaft des menschlichen Willens über alle Dinge an; und weil wir alle diesen Willen selbst haben, kann niemand zu Recht Macht über uns beanspruchen, dem wir sie nicht selbst übertragen haben.

Der Gedanke politischer Repräsentanz vieler Menschen durch wenige von ihnen selbst Gewählte ist die konsequente Folgerung aus dieser Einsicht. Noch konsequenter ist es, ein möglichst hohes Maß an direkter Demokratie zu realisieren. Die Forderung nach politischer Gleichheit aller liegt in der Logik unseres Zeitalters, und deshalb ist es das fundamentale moralische und politische Unrecht der Moderne, diese Forderung nicht zu erfüllen.

Repräsentative oder besser noch direkte Demokratie ist für die Verwirklichung einer Kultur, in der die Menschen sich selbst als Herren aller Dinge anerkennen, die einzige zu rechtfertigende Staatsform. Die Legitimität einer demokratischen Regierung liegt in der Abstimmung des Regierungshandelns mit den Absichten der Bevölkerung – nicht mit den Vorstellungen ihrer Repräsentanten. In der Bundesrepublik Deutschland vertritt jeder Abgeordnete das ganze Volk, unabhängig davon, wo er gewählt wurde und für welche Partei er antrat. Mein Abgeordneter ist hauptberuflich damit beschäftigt, meinem Willen Respekt zu erweisen, da ich ihn (jedenfalls theoretisch) damit belehne, ihn für mich auszuüben. Die rituelle Verneigung vor anderer Leute Willen, die unsere Kultur durchzieht, ist immer zugleich die Bestätigung der Bedeutung meines Willens.

»Ehre« im Sinne von Ansehen oder Status ist die Chiffre, das Kennwort für die moderne soziale Ordnung, für ihr Prinzip. »Prinzip« hat hier seine doppelte Bedeutung: »Ehre« bezeichnet das Gedankengut, aus dem die moderne soziale Ordnung der Industriegesellschaft ihrem Ursprung nach entstammt, und »Ehre« als Ansehens- und Statuspflege meint auch ihre Funktionsweise. Ohne den Schluss-Stein des Ehrbegriffs würde das Gewölbe unserer Umgangsformen zusammenbrechen. Eine auf menschlicher Macht gegründete Gesellschaftsordnung braucht die Koordinationslogik des gegenseitigen Ehrerweises. Was die Menschen wollen muss für sie untereinander *sichtbar* von Bedeutung sein, und genau das stellt der Ehrbegriff sicher. Er ist das logische, d. h. das unser Sprechen und Verhalten ordnende Mittel, dem Souverän – unserem Willen und den Institutionen, die er legitimiert hat – praktisch Achtung zu verschaffen und diese Achtung lebendig zu erhalten.

Zugesprochene Persönlichkeit

Diese zentrale Bedeutung unseres äußerlichen Ehrbegriffes für die Kultur unserer Gegenwart wird noch auf andere Weise klar, wenn wir auf den Prozess der Persönlichkeitsbildung blicken. Sie erfolgt unter schwierigen Bedingungen. Unsere Gesellschaft sieht nicht für jedes Ding und jeden Menschen von vornherein einen bestimmten Platz, einen bestimmten Sinn, eine bestimmte Funktion vor, wie Peuckert es uns über die mittelalterliche Gesellschaft darlegte: Keine unveränderliche Rolle, kein als einfach gegeben verstandenes Schicksal fixiert für uns Menschen und Dinge in der Welt.

Einzelne Personen und auch einige Gruppen mögen anders denken. Manche mögen der Überzeugung sein, dass unser Dasein einen Grund hat, der hinter die Welt unserer Erfahrung zurückreicht, so wie Gott oder die allumfassende Natur. Dieses Absolute, also das Unverbundene, das alles verbindet, stellt dann vielleicht für diese Menschen eine Sinneinheit aller Dinge her. Doch als Kollektiv in gewissen räumlichen Grenzen – als Gesellschaft – denken *wir* nicht so: Es gibt viele Weltanschauungen, die nebeneinander bestehen. Deshalb können wir auch nicht gemeinsam nach Regeln leben, die ein von absoluten Instanzen inspiriertes Denken voraussetzen.

So können wir beim lebenswichtigen Geschäft der Ausbildung unserer persönlichen Identität nur mit dem arbeiten, was andere uns sagen oder uns auf andere Weise mit ihrem Verhalten kommunizieren. Allein die Zuschreibungen dieser oder jener Eigenschaften durch andere Menschen sind das Material, aus dem ich meine Erzählung über mich selbst bilden, meine Identität formen kann. Die Summe dieser Zuschreibungen entscheidet über die Art der Persönlichkeit, die jemand werden kann. Zuerst ist es die vorbewusste Aufnahme der Zuschreibungen anderer, die unserer Persönlichkeit den Grund legt, wie die psychologische Bindungsforschung es darstellt.

Später im Leben kommt die bewusste Verarbeitung dieser Fremdzuschreibungen dazu und ergänzt das Bild. Die Bestätigung und Bestärkung einer so formierten Persönlichkeit können während des biographischen Zeitraums *vor* voller, kritischer Selbstreflexion nur durch die anderen erfolgen. Genau dieser Sachverhalt ist im modernen Begriff der *persönlichen* Ehre verdichtet und benannt. Im Englischen geht der entsprechende Begriff »reputation« noch direkt auf das lateinische Verb »reputare« zurück, welches Zurechnen oder Zuschreiben bedeutet.

Meine persönliche Ehre ist mein sozialer Schatten: Das Licht, das andere auf mich werfen, bestimmt den Umriss dieses Schattens, und sein Umfang bezeichnet mir den Bereich meiner sorglosen Sicherheit im Umgang mit anderen. »Status« oder »Ansehen« sind passende Ausdrücke für diesen persönlichen Sicherheitsraum. Unsere persönliche Ehre, unser Ansehen ist nicht ein für alle Mal festbestimmt, sondern hat zu jeder Zeit den Charakter einer Annahme, einer Hypothese anderer Leute über uns. Die anderen, die mein Verhalten einschätzen und mir so mein Ansehen verleihen, müssen dazu über meine vorausgegangene Prägung spekulieren. Wer mich »bei meiner Ehre packen« will, wer also Stärken und Schwächen meines Status ausnutzen will, muss im Großen und Ganzen verstehen, welche Normen mir in der Vergangenheit als verbindlich angewöhnt wurden.

Wer mein Verhalten loben oder kritisieren und mich so beeinflussen will, muss von meinen biographischen Voraussetzungen, von meiner Erfahrungsgeschichte ausgehen. Das zweite Moment der Hypothese, der Spekulation, liegt bei mir selbst. Ich muss darüber spekulieren, was die Erwartungen meiner Mitmenschen an mein Denken und Verhalten sind, will ich meinen Status in dieser Gesellschaft begründen, bewahren und entwickeln. Wer ich bin und welche Rolle und relative Bedeutung mir in der Gesellschaft zukommt, ist das Produkt zweier Faktoren: meiner persönlichen Ehrvorstellung, die mein Verhalten lenkt, und dem, was in meiner Gesellschaft tatsächlich als ehrbar gilt und deshalb mein Ansehen steigert.

Es geht im Spiel um Ansehen und Status für jeden einzeln und *einsam* um seine Anpassung an nur *vermutete* Sachverhalte: Das je eigene Wollen der Anderen, das sie zwar im höflichen Kultus des wechselseitigen Respekterweises vorbringen, aber das sie doch stets auch mit uns oder gegen uns durchsetzen wollen. Betrachten wir einen einzelnen Mitmenschen, so ist dieses fremde Wollen undeutlich und kann nur in unsicherer Anspannung und ohne letzte Sicherheit erraten werden; viel klarer, zur Struktur gefügt und verfestigt, tritt uns dieser fremde Wille in den geschichtlich gewordenen Institutionen entgegen, die ihre Forderungen an uns geltend machen.

Soziale Navigation

Wir können dieser Anpassung an den Ehrbegriff der Anderen nicht entgehen – zum einen deshalb, weil das einzige verfügbare Material zur Stiftung und Stabilisierung unserer Persönlichkeit die Zuschreibungen anderer an uns sind. Zum anderen können wir die überlebenswichtige Aufgabe, unsere eigene Position im sozialen Geflecht einzunehmen und zu behaupten, nur lösen, indem wir stetig dem Willen anderer durch Ehrerweise unterschiedlicher Arten und Grade Respekt zollen.

Ob uns das gelingt, entscheidet sich daran, inwieweit unsere Äußerungen in diesem Spiel den Erwartungen der anderen *tatsächlich* entsprechen. Es gibt in der Öffentlichkeit keinen Ehrerweis eigener, persönlicher Art; so wenig ich entscheiden kann, welches Verhalten sozial taktvoll oder taktlos ist, so wenig ist das, was ich vielleicht für lobenswert erachte, der Maßstab des Ehrbaren – dessen, was in der Gesellschaft faktisch gelobt und mit Sozialstatus belohnt wird. Meinen Platz im sozialen Raum bestimmt *nur* meine erfolgreiche oder erfolglose Ansprache und Bestätigung des tatsächlich in meiner Gesellschaft bestehenden Ehrbegriffs.

Anders ausgedrückt: Um meine persönliche Identität in einer modernen Gesellschaft zu bilden und aufrechtzuerhalten, muss ich ständig mit dem anonymen Konsens der Willensäußerungen der anderen in Tuchfühlung sein. Die Ehrbezeigungen der bürgerlichen Gesellschaft sind Rituale, die immer aufs Neue öffentlich einen Pakt bekräftigen: Wir regieren uns durch unseren eigenen, ganz und gar menschlichen Willen; anderen angeblichen Autoritäten trauen wir als Einzelne vielleicht, gemeinsam aber nicht. Denn nur so sind wir davor gesichert, einander gewaltsam im Namen angeblich höherer Wahrheiten zu tyrannisieren.

Diese Navigation des Einzelnen im Geflecht der vermuteten Ansichten der Anderen ist die grundlegende sittliche Realität der Neuzeit. Die Identität unserer Gesellschaft wie ihrer einzelnen Menschen entsteht und erhält sich aus einem Geflecht wertender Zuschreibungen der Menschen aneinander; jeder Mensch stellt einen Knotenpunkt in diesem Geflecht ängstlichen Hinnehmens und geizigen Austeilens von Ehrerweisen und Beschämungen dar. Jeder Mensch stabilisiert sich selbst, indem er die anderen durch Vorausahnen und Bedienen ihrer Erwartungen aufrechterhält. Dies überhaupt zu tun, und dann noch die Art, wie es getan wird, bestimmt die Ehre der Person – ihren persönlichen Sicherheitsraum, ihr Ansehen, ihren Sozialstatus.

In dieser Ordnung des Ansehens drückt sich die Übernahme der Welt durch den menschlichen Willen aus. Sie hat eine genaue und aufschlussreiche Entsprechung im materiellen Bereich der Kultur. Auch hier begegnet uns das Muster einer dezentralen, netzwerkartig getroffenen Festlegung der relativen Wertigkeit der Dinge; auch hier wird diesem Geschehen eine zentrale Ordnungsfunktion zugedacht. Die politische Ökonomie der Neuzeit führt das Konzept des Marktes als Ersatz des nun »abwesenden ideologischen Zentrums« der Kultur ein (nach Joseph Vogl). Die einzelnen Gesellschaftsmitglieder, die nicht mehr durch einen von allen geteilten Glauben untereinander koordiniert sind, benötigen ein neues Ordnungsprinzip.

Die Preistheorie Adam Smiths besagt, dass Preise sich aus Angebot und Nachfrage bilden. Die Marktteilnehmer legen ihre Preise fest und orientieren sich dabei am aktuell erkennbaren Angebot einer Ware oder Dienstleistung sowie an den vermutlichen Vorlieben und Bedürfnissen der anderen Marktteilnehmer. Gelingt diese Einschätzung, hat man Verkaufserfolg, misslingt sie, verschwindet man wahrscheinlich vom Markt, wenn nicht etwa durch eine Subvention von Regierungsseite nachgeholfen wird. Hier sehen wir wie im Falle des neuzeitlichen Ehrbegriffs ein Geschehen, in dem der Einzelne, in diesem Fall als Marktteilnehmer, seine eigene Position nur durch eine aktive, in Teilen spekulative Verortung unter allen anderen erahnen kann.

Soziale Navigation

Smith dachte sich dabei den Marktpreis nicht als völlig willkürliche Festlegung. Denn der Marktpreis tendiere, sofern nicht momentane Störfaktoren dies hinderten, zum »natürlichen Preis«: dem Preis also, der z. B. für Getreide gezahlt werden muss, um im jeweiligen Erntejahr die Arbeitslöhne aufbringen, notwendige Investitionen in Gerät und Samen tätigen, eine etwaige Landpacht zahlen und den Bauern ernähren zu können. »Profit« ist Smiths Begriff für den Gewinn, der über die Herstellungskosten hinaus gemacht werden muss, um all dies sowie ggf. die Entlohnung der Person(en) leisten zu können, die sich der Planung und Steuerung der Produktion widmen.

Der natürliche Preis, den Smith auch den »zentralen Preis« nennt, wird sich im Mittel eines vernünftigen Betrachtungszeitraums seiner Ansicht nach stets durchsetzen: Eine Teuerung über ihn hinaus setze Anreize für weitere Unternehmer, das betreffende Gut anzubieten, um vom erhöhten Preis zu profitieren, was das Angebot steigere und den Preis im Ergebnis wieder in Richtung des natürlichen Preises absenke. Bei einer Unterschreitung des »natürlichen Preises« greife derselbe Mechanismus, nur umgekehrt; potentielle Anbieter würden ihre Produktion drosseln und damit das Angebot verknappen, was den Preis nach oben reguliere.

Es besteht hier ein Glaube an die letztliche Vernünftigkeit der Resultate eines nirgends koordinierten Geschehens, das Smith – wohlgemerkt an einer einzigen Stelle und eher im Vorübergehen – als Wirken einer »unsichtbaren Hand« beschrieb. Wir sollen Zutrauen haben, dass die Ergebnisse eines sich selbst organisierenden Austausches von Waren und Diensten unter Menschen im Ergebnis allen zum Besten gereichen werden. Uns wird versprochen, dass weltanschaulich uneinige, unterschiedlich glaubende Menschen dennoch nach Prinzipien abgestimmt agieren werden.

Dabei, so Smith, etablieren sie ein in engen Grenzen variables Gleichgewicht immer wieder neu und verbessern zugleich die Wohlfahrt der Gesellschaft. Gestehen wir Smith zu, dass jedes konkrete Gut einen »realen« Wert und nicht bloß einen relativ bestimmten Preis hat. (Diese Annahme war für Smith plausibel, weil er über eine engräumige Wirtschaft nachdachte: Die Kosten für Landtransport über einen Umkreis einiger Kilometer hinaus waren z. B. so hoch, dass für viele Waren und Dienstleistungen faktisch ein lokal klar umgrenzter Markt bestand.) Die Beurteilung der Wertschätzung der Anderen für dieses Gut motiviert die Anhebung oder Absenkung seines Preises um den gedachten Normalwert des natürlichen Preises herum. Dieses Ratespiel ist der wirtschaftliche Ausdruck der typisch neuzeitlichen Navigation des Einzelnen im Geflecht der vermuteten Ansichten der anderen, das wir beim modernen Ehrbegriff von Ansehen und Status am Werk sehen.

Noch klarer stellt sich die Analogie zum sittlichen Prinzip der Neuzeit dar, wenn wir auf die Ebene der Währungen sehen. Denn eine Währung ist ein Maß, mit dem wir Güter und Dienstleistungen bepreisen. Dieses Maß selbst hat kein Maß außer seinem Verhältnis zu anderen solchen Maßen, d. h. zu anderen Währungen. Nach dem »realen Wert« einer Währung zu fragen, ist heute unsinnig. Nach der Aufhebung der Kopplung der Währungen vieler Staaten an den US-Dollar, der wiederum in Gold gedeckt war, sind es heute nichts als unsere Meinungen und unsere Vermutungen über die Meinungen anderer, die den Preis (den relativen Wert) der Währungen untereinander festlegen.

Die Strukturen sind im moralischen und im materiellen Bereich der Kultur gleichartig; was im wirtschaftlichen Bereich das Marktgeschehen und die damit verbundenen Ordnungserwartungen sind, das ist im sozialen Bereich die Ordnung des Ansehens. Es gibt hier nicht nur die geschilderte Ähnlichkeit des Geschehens zwischen beiden Bereichen, es gibt auch eine Ähnlichkeit typischer Irrtümer in beiden Bereichen, die unsere Kultur prägen. Im wirtschaftlichen Bereich wird hier und da an die Vernünftigkeit der Ergebnisse eines ungesteuerten Marktgeschehens geglaubt; in moralischer Hinsicht sind viele von uns überzeugt, dass wir bloß erfolgreich zu sein haben, um ein gelingendes Leben zu führen.

Beides sind Fehleinschätzungen: Ein ungesteuertes Marktgeschehen kann nicht vernünftig sein. Denn Vernunft besteht gerade in der bewussten Festlegung und Durchsetzung von Maßstäben für ein bestimmtes Geschehen. Genauso wenig führt ein gesellschaftlich erfolgreicher Mensch automatisch ein eigenes Leben, das ihm gelingt. Erfolg bringt nicht die Erlösung von der Aufgabe, das Handwerk des eigenen Lebens zu finden. Schon gar nicht befreit Erfolg uns davon, unsere Philosophie gegen die Anpassungszwänge der Ordnung des Ansehens zu verteidigen. Im Gegenteil: Sind wir im System erfolgreich, so steigt für uns die Gefahr, dem Betrieb moralisch zu erliegen und zum Funktionär zu verkommen.

5. Erlösung im Erfolg?

Im ersten Kapitel formulierten wir das Rätsel unserer Normalität, bevor wir im zweiten Teil über uns selbst, das Handwerk unseres Lebens und über das Philosophieren als Aufgabe *aller* Menschen nachdachten; im dritten Kapitel ging es um die Spannung zwischen Anpassung einerseits und Selbstwerdung andererseits, die jede Gesellschaft für ihre Mitglieder erzeugt; dann beschrieben wir mit etwas historischem Anlauf die neuzeitliche Gesellschaft im Allgemeinen als Ordnung des Ansehens. Diese Ordnung wird vom steten gegenseitigen Respekterweis ihrer Mitglieder bestimmt, der je nach Situation unterschiedlich gestaltet sein kann. Dieses Geschehen, unsere tägliche soziale Praxis, kann als Autoritätskult gegenüber dem neuzeitlichen Souverän, dem menschlichen Willen, verstanden werden.

Auf dieser Grundlage können wir nun unsere Gegenwart neu deuten und unsere tatsächlichen Lebensumstände in den Blick nehmen, die an den glatten Oberflächen des globalen Kapitalismus nur schwer kenntlich sind. Der Ausgangspunkt dieser Neubetrachtung ist Verzweiflung am bisherigen Erbe der Industriegesellschaft und an der Zukunft, in die sie uns und vor allem unsere Kinder zu führen scheint. Im Hintergrund lauert auch die besorgte Frage, welche Rolle man in dieser Gesellschaft spielen sollte; eine Frage, die letztlich jeder individuell für das eigene Leben zu beantworten hat. Wir sprechen jetzt über die großen Strukturen und die »Betriebslogik« der Industriegesellschaft. Denn in diese Strukturen sind wir eingebunden; sie sind es, die den Entwicklungsrahmen unseres Lebens abstecken.

Erlösung im Erfolg?

Werfen wir einen Blick voraus auf das Ergebnis, zu dem wir uns dann Zug um Zug vortasten werden: Die Industriegesellschaft löst das Dasein des Menschen von der Wirklichkeit ab und zerstreut es in ein Mosaik von Arbeitswelten. Zu welchem Bild der Gesellschaft sich diese Arbeitswelten insgesamt verbinden, zeigt sich uns nirgends; außer wir investieren jahrelange Selbstreflexion und verbringen viel Zeit mit der kritischen Lektüre schwieriger Texte und der Befragung erfahrener Leute. Weder die Fähigkeit dazu noch das Privileg, seine Zeit so zu nutzen, sind weit verbreitet.

Zugleich kultiviert der »Arbeitswelten-Betrieb« in unterschiedlichen Arbeitszusammenhängen eine Pseudomoral des professionellen Ehrgeizes und Erfolges, die das eigensinnige Leben des Menschen abschleifen und ihn langsam zum Funktionär wandeln kann. Funktionär sein bedeutet, als Person geistig in einem beständigen Präsens zu leben – in einem Selbstgespräch und Selbstverständnis ohne historische Tiefe und damit auch ohne moralisches Beharrungsvermögen, aber mit umso mehr unbesorgter Tatkraft. Dies ist der rätselhafte Zustand der informierten Unbewusstheit, oder vielleicht besser der praktischen Gewissenlosigkeit unseres industriellen Alltags. (Im ersten Kapitel sprachen wir auch von »moralischer Anästhesie«.)

Denn zur Umwelt und zu anderen Menschen hat ein Funktionär nur insoweit ein Verhältnis, wie sie seinen Projekten dienen können; nur dass seine Projekte nicht wirklich *seine* Projekte sind, sondern einfach der Anforderungskatalog des Erfolges, den er gründlich von den Institutionen seiner Gesellschaft für sich übernommen hat. Wenn der Vollzug des Lebens darin besteht, im Lichte unserer Erfahrung über uns selbst nachzudenken und uns dabei weiterzuentwickeln, dann ist der Funktionär moralisch verstorben. In seiner Person wird der Mensch vom potentiellen Kritiker und Verbesserer seiner Gesellschaftsordnung zum einfachen Komplizen des etablierten Geschehens.

Blicken wir jetzt näher auf das Betriebssystem der Industriegesellschaft, um in die genaue Entwicklung dieser Gedankengänge einzusteigen. Unsere Gegenwart lässt sich als das Ergebnis des Zusammentreffens der Ordnung des Ansehens mit der Industrialisierung verstehen; genauer gesagt: Ein Menschenschlag, der ständig den Sozialstatus anderer pflegen muss und so laufend von sich selbst abgelenkt wird, trifft mit dem institutionalisierten Betrieb unterschiedlicher Arbeitswelten zusammen. Von diesem Ausgangspunkt entwickelt sich eine charakteristische soziale Situation und eine bestimmte Dynamik des Geschehens, die sich ebenso weit über die Welt ausgebreitet hat wie der europäische Kultureinfluss.

Ablenkungsstress

Wir diskutierten zuvor, wie die Neuzeit jedem die Ehrerbietung an andere und ihre Projekte abverlangt. Diese Ehrerbietung erschöpft sich nicht darin, dass wir je nach Situation über anderer Leute Ansichten und ihre Erwartungen an uns spekulieren, um aus unseren Einsichten praktisch Gewinn zu ziehen. Die Ordnung des Ansehens kultiviert vielmehr einen Menschentyp, dessen zweite Natur das Navigieren unter den realen oder vermuteten Ansichten anderer Leute ist. Wie im vierten Kapitel beschrieben, ist diese Navigationsarbeit die eigentliche sittliche Wirklichkeit der Neuzeit; sie hat eine auffällige Parallele und Entsprechung in der Markttheorie des Wirtschaftslebens. Die zu erwartenden Einstellungen und Ansichten der Anderen sind das flüchtige Element, in dem wir uns orientieren müssen: im praktischen Umgang miteinander ebenso wie beim Kaufen und Verkaufen im Markt.

Das bedeutet für uns, dass wir stetig einer zehrenden Ablenkung unserer Aufmerksamkeit von der Arbeit an uns selbst, vom Handwerk unseres besonderen Lebens, ausgesetzt sind. Denn in der Ordnung des Ansehens beschneiden andere ihre Kooperation sofort, wenn spürbar wird, dass wir nicht vollkommen bereit sind, den geforderten Tanz um ihre vermutlichen Erwartungen zu vollführen und damit ihren Status zu garantieren. Das hat auch seine Stimmigkeit. Denn wo ich bei jemandem keinen Respekt vor meinen Regungen erkenne, muss ich befürchten, auch bei kommenden Entscheidungen dieser Person nicht beachtet oder benachteiligt zu werden.

Deshalb erfordert der Ehrerweis an andere in jeder konkreten Situation unsere ganze Aufmerksamkeit, erlaubt keinen befreienden Zynismus oder gar ironische Leichtigkeit – kleine Ritualverletzungen machen einen Respektserweis schon fadenscheinig und sozial wertlos. In unserer Gesellschaft von Situation zu Situation gehen bedeutet, sich selbst von außen zu betrachten und zu fragen: »Wie wirke ich in diesem Moment wohl? Stimmt diese Wirkung mit den vermutlichen Erwartungen der anderen an mich in dieser Situation zusammen? Gibt es eine Dissonanz? Wenn ja, welche Kosten kann sie für mich haben?«

Wir sind in weiten Teilen unseres Soziallebens gedanklich und nervlich nicht bei uns selbst, sondern bei den Anderen, um ihre Erwartungen für uns gewinnbringend (oder wenigstens friedensichernd) zu erraten. Dieses Navigieren unter den vermuteten Erwartungen anderer in einer Situation nach der anderen ist eine stetige, aktive Selbstverunsicherung. Wir werden andauernd von uns selbst weggeführt, weshalb der Lebenshilfekitsch der Gegenwart auch ganz sinnvoll immer wieder davon spricht, sein »wahres Selbst« zu entdecken oder »zu sich selbst zu kommen«.

Die Meditations- und Achtsamkeits-Bewegung ist ein Indiz für die stete Beanspruchung und hektische Beschäftigung unserer Aufmerksamkeit, der reife Menschen zu entkommen suchen – und der viele weniger reife Menschen nicht zu entkommen wagen, aber die sie doch erträglich gestalten wollen. Die Ablenkung von uns selbst hat einen solchen Grad erreicht, dass es zum »life-changing program« erklärt werden kann, sich doch einfach mal auf seine Atmung zu konzentrieren und »in diesem Moment ganz präsent zu sein«.

Die Unterhaltungsindustrie kennt, verarztet und bekräftigt dieses Stressmuster unserer Gesellschaft, indem sie es als normal darstellt und freundlich auflöst. Die Zeichentricksagas des Disney-Konzerns zelebrieren geradezu einen Kult des »wahren Selbst« und des dramatischen Durchbruchs zur »eigentlichen Bestimmung« ihrer Helden. Die Schullektüre unserer Kinder ist bestimmt von Geschichten, in denen Einzelne sich gegen den Konformierungsdruck ihrer Gesellschaften behaupten oder daran scheitern und zu eben den Verbrechern werden, die sie in den Anderen erkennen (man denke z. B. an *Herr der Fliegen* von William Golding, *Die Welle* von Morton Rhue oder Max Frischs *Biedermann und die Brandstifter*).

Die starke Betonung in unterschiedlichen Bereichen unserer Kultur, doch bitte *seinen eigenen* Weg zu finden und den Anderen gegenüber unabhängig zu werden, ist das Produkt der existenziellen Ablenkung und Zerstreuung, der wir im Alltag unterliegen: Es erscheint plausibel, uns zur Selbstwerdung zu mahnen, weil wir offenbar der echten Gefahr unterliegen, etwas anderes als wir selbst zu sein.

Karriere als Standardidentität

Die Industrialisierung verschafft uns nach außen orientierten, d. h. unzentrierten und selbstunsicheren Einzelnen nun eine Struktur von zweckorientierten Institutionen. Das verändert die kulturelle Situation grundlegend. Die unterschiedlichsten Ziele werden durch eigene Institutionen mit spezieller Bürokratie gesellschaftlich etabliert und immer strikter rationell organisiert: Schule, Militär, Aktiengesellschaften, Produktionsbetriebe und Dienstleister aller Art, Verwaltungen, Vereine, Verbände, Parteien usw.

Diese Institutionen bieten uns mit der »Karriere«, also der »Laufbahn«, nun ein Spiel, das wir 60 Jahre und länger mit vollem Zeiteinsatz spielen und dem wir all unsere Frische, Energie und Nervenkraft opfern können. Eine Laufbahn ist das Gegenteil des eigenen Weges, den jedes Lebewesen sich aufgrund seiner einzigartigen Erfahrung bahnt – denn dieser Lebensweg ist einmalig und unwiederholbar. Eine Karriere hingegen muss von vielen in ungefähr derselben Weise absolviert werden können, sie muss reproduzierbar sein. Genau besehen macht niemand eine »beispiellose« Karriere, denn dann wäre sie keine Laufbahn. Beispiellos ist nur eine Erfindung oder eine Pioniertat. »Unersetzlich«, so Jacob Burckhardt, »ist nur der mit abnormer intellektueller oder sittlicher Kraft ausgestattete Mensch, dessen Tun sich auf ein Allgemeines bezieht« – und das ist nicht der Karrierist.

Denn die Karriere ist die Bewältigung eines zweckmäßig angelegten Hindernisparcours, den im Prinzip jeder betreten kann. Es gibt definitionsgemäß nichts weniger Originelles als eine Karriere. Dass es möglich ist, das Leben von der Wiege bis zur Bahre als einen solchen Parcours zu betrachten, ist sowohl für das System als auch für uns Einzelne bedeutsam. Denn wer mit dem Ablaufen ausgetretener

Laufbahnen beschäftigt ist, stellt nichts in Frage, sondern erzeugt im Gegenteil Nachfrage: nach den Gütern, die das System zu bieten hat, die es uns anpreist und mit denen es uns an sich binden kann. Für uns Einzelne bedeutet die Aussicht, das ganze Leben wie eine Laufbahn betrachten zu können, eine bestimmte Art von Segen. Denn wo es keine allgemeine Sinnvorschrift fürs Leben gibt, tut Beschäftigung Not. Wo sollten wir sonst mit uns hin?

Die Ordnung des Ansehens erzieht den Menschen zur Selbstunsicherheit und stürzt ihn in die damit verbundenen seelischen Leiden. Die industrielle, funktionsteilige Gesellschaft zeigt diesen Menschen nun in der Arbeitswelt ein Biotop, das ihnen einen einfachen, erleichternden Handel anbietet. Wir können Halt, Regelmäßigkeit, Richtung, Belohnung, Anerkennung, ja ein vorgefertigtes ganzes Selbst, eine ganze vorformulierte Geschichte über unser Woher und Wohin bloß zum Preis unserer eifrigen Anpassung erwerben.

Das Versprechen des Erfolgs in der Institution, der gelingenden Karriere, des Aufstiegs, ist wie eine vorgestanzte Selbsterzählung, eine Standardidentität. Endlich ist man wer, will sagen: jemand Bestimmtes von anderer Leute Gnaden; immerhin aber ist man nicht mehr orientierungslos, offenkundig unoriginell und gewöhnlich wie die meisten von uns, und noch dazu allein.

Lauwarme Erlösung und Funktionärsreligion

Sind wir bereit, »Karriere zu machen« und somit eine solche Standardidentität wenngleich nicht völlig anzunehmen, so doch *durchzuspielen*, so entschärft sich das arbeitsintensive und angstbesetzte Ritualwesen des Ehrerweises für uns radikal. Denn in jeder Institution gibt es strikt auf den Institutionszweck ausgerichtete Spielarten der Ansehens- und Statuspflege, die sich erlernen lassen. Niklas Luhmann hat diesen Tatbestand umfassend analysiert: »Alle Organisationen, die kontinuierlich spezielle Zwecke verfolgen, bilden ein System offizieller, formal-legitimer Erwartungen aus (...), ein gewisses Grundgerüst der Orientierung. (...) Jeder kann im Verkehr mit anderen Mitgliedern der Organisation davon ausgehen, dass diese formalen Erwartungen geteilt werden.«

Unser kulturelles Verfassungsritual des Erwartung-Ratens mit unsicherem Ausgang wird in den Institutionen der Industriegesellschaft zu einem Erwartung-Wissen mit viel geringerem Risiko: Denn kennen wir den Zweck der Institution und haben wir ein Grundverständnis ihres Geschäftes, so wissen wir ganz einfach, was die anderen von uns erwarten und an uns loben müssen, wenn sie nicht »dem Geschäft schaden«, dem Institutionszweck widersprechen wollen.

Das bedeutet nicht, dass menschliches Verhalten in Institutionen dann innerhalb dieser Koordinaten logisch ist und diese Berechenbarkeit auch wirklich immer für uns herstellt. Aber die unvermeidlichen Streitigkeiten haben einen Ordnungsrahmen der »Beruflichkeit« (Professionalität). In diesem Rahmen können Konflikte nun zugunsten der betrieblichen Erfordernisse weggeredet, bagatellisiert, dramatisiert oder sonst wie opportunistisch »bewältigt« werden.

Die spezialisierten Einrichtungen der Industriegesellschaft entlasten unser Leben vom Trauma der Ortlosigkeit und Einsamkeit, indem sie uns Zweckgemeinschaften mit klarer Struktur und mit einem Verhaltenskodex anbieten. Erst durch Eintauchen in die Arbeitswelt der Institutionen überwinden die meisten von uns verlässlich die stete Beziehungsunsicherheit, mit der die Ordnung des Ansehens uns belastet. Wir können jetzt wissen, was von uns erwartet wird – was »normal« für uns sein darf.

Tatsächlich hat die häufige Formulierung, etwas sei »ganz normal«, die wir uns selbst und anderen in den Bedrängnissen des industriellen Alltags als Trost vorsprechen, den Charakter einer säkularen Beschwörungsformel: Wir vergegenwärtigen uns mit dieser Formel, dass die Ursache unserer Leiden *legitim* ist. »Ich kann nichts dafür« und muss mich letztlich nicht beunruhigen. Im Gegenteil – gerade, *dass* wir unter den Zumutungen leiden, unter denen ganz normalerweise Menschen in unseren Institutionen leiden, wird zum Siegel unserer Zugehörigkeit. »Du musstest Leute entlassen. Mach dir keine Sorgen, es ist ganz normal, ein paar Nächte schlecht zu schlafen.«

So stellt die Einordnung in Institutionen und die Aufnahme ihrer speziellen Arbeit eine Art Geborgenheit für uns her. Statuserwerb wird zu einer weitgehend berechenbaren Fleißaufgabe. Will man sich ein Bild von der Faszination und tiefen Erleichterung machen, die diese Erkenntnis auslöst, so stelle man sich am besten einen dezent krawattierten Berufseinsteiger mit blankgeputzten Schuhen vor – so jemanden wie mich damals, oder vielleicht wie Sie. Theodor W. Adorno spricht von »pausbäckiger Unersättlichkeit« der im Betrieb integrierten Konsumenten; anfangs spielt aber auch dankbare Erleichterung mit, dass man endlich eingespannt statt einfach frei ist.

Unsere Eingliederung in den Arbeitsmarkt ist die lauwarme Erlösung von der qualvollen Atomisierung unserer Familien und Freundeskreise durch die arbeitsteilige Industriegesellschaft, bereitgestellt vom System selbst, wie ein Versöhnungsangebot. Werden wir Teil einer oder mehrerer Institutionen, so erfahren wir eine feste Aufnahme in eine bedingt, aber berechenbar und loyal zu mir stehende Ge-

Lauwarme Erlösung und Funktionärsreligion

meinschaft mit einem geteilten Ziel. Institutionen sind deshalb die eigentlichen Tempel oder Kirchen der Mehrheitsfraktion in unseren Massengesellschaften. Sie wirken durchdringend auf unsere Verhaltensmotivation, denn sie bedienen fundamentale menschliche Bedürfnisse nach Sicherheit, Regelmäßigkeit und Zugehörigkeit.

Konformität nach dem Maßstab einer Institution macht uns alle schlagartig und zweifellos *respektabel:* Wir können jetzt nach klaren Regeln Ehrerwese erwarten und sie verteilen, Ansehen für uns selbst aufbauen und anderen Respekt demonstrieren – also unser Selbstwertgefühl pflegen und das der Anderen zugleich stützen. Die besorgte und nervöse Selbstprüfung kann aufhören. Die Eintrittskarte in die Sternehotels, Flughafenlounges und Business Class-Abteile ist nicht Geld, es ist zuverlässige Anpassung. Solange wir nicht als Menschen mit eigenen Werturteilen auftreten, sondern bloß als Bannerträger des Betriebszwecks, als Funktionäre, brauchen wir uns um unseren Status nicht mehr sorgen. Man könnte fast sagen: Gott (vertreten durch unseren Vorgesetzten) liebt uns dann so, wie wir uns ihm geben.

Das war (und ist vielleicht) nicht immer gesagt bei unseren Freunden und Verwandten, unter deren Augen wir aufwuchsen und abseits der Schule unsere »Freizeit« auszufüllen hatten. Da konnte es passieren, dass jemand ein Urteil über uns fällte, das unser Selbstwertgefühl belastete und uns in Zweifel stürzte. Oder wir selbst verurteilten uns, weil wir den Eindruck hatten zu versagen. Und niemand hatte die Macht, diese Belagerung unserer Seele durch die Anderen oder uns selbst aufzuheben; niemand konnte sagen »Es ist schon gut« – denn es war ja gerade unsere Sorge darum, was für uns eigentlich gut wäre und wie wir deshalb zu werden haben, die uns so verletzlich machte.

Erlösung im Erfolg?

Wir mussten uns selbst behaupten, mussten »erwachsen werden« und den Anderen sagen: »Ich bin der-und-der und die Dinge liegen für mich so-und-so.« Vielleicht auch noch: »Du und deine Probleme sind nicht meine«, »Ich werde das anders machen« usw. Wir leben in der Jugend in einem moralischen Modus und stehen voll in dem Spannungsfeld von Moralität und Anpassung, das wir im dritten Kapitel beschrieben haben. Wir prägen die Erzählung über uns selbst im Lichte unserer jungen Erfahrung das erste Mal aus; mehr oder weniger bewusst befinden wir darüber, welche Art von Menschen wir sein und wie wir leben wollen. Dabei stehen wir unter dem verzerrenden Druck, uns um unseres Lebensunterhalts willen irgendwie einzusortieren. Wir müssen *gesellschaftskonform* unseren Eigenwillen entwickeln. Von dieser moralischen Krise, die wohl die »herrliche« Jugend ist, setzt sich der Eintritt in die Arbeitswelt so begeisternd, so befreiend ab.

Die Industriegesellschaft vermag es, die Energie unserer Identitätssuche für ihre Zwecke zu kanalisieren; sie kann hingebungsvolles Tun *gerade* selbstunsicherer Personen zu jedem beliebigen Zweck optimal organisieren. Vor allem Beratungsunternehmen stellen gern den Typus des »insecure overachievers«, des »selbstunsicheren Strebers« an. Den Institutionen der Industriegesellschaft gelingt das psychologische Kunststück, den Menschen durch ihre Arbeit eine echte Befriedigung aus Professionalität und Erfolg zu verschaffen.

Professionalität steht dabei für das richtige Denken und Tun im Sinne des Betriebszwecks, was wie die Erfüllung moralischer Anforderungen erlebt wird. Erfolg steht für den Ertrag der mühevollen Professionalität, der als Lohn der moralischen Tugend erlebt wird. Professionalität und Erfolg können ungemein zufrieden machen und ein Gefühl der Rechtschaffenheit verleihen, obwohl sie mit Moralität und Tugend nichts zu tun haben. Wer den ihm vom Betrieb aufgegeben Zweck erfüllt, macht gerade keinen Vorbehalt gegen das Geschehen geltend, wie es das selbständige Nachdenken tut. Er zeigt deshalb keine moralische Tugend, sondern einfach Konformität, ihr genaues Gegenteil. Deswegen spreche ich von der *pseudomoralischen* Befriedigung aus Professionalität und Erfolg – und später vom *pseudomoralischen* Wahnsinn des Ehrgeizes, also der vorsätzlichen und eifrigen Konformität.

Mit ihrem Angebot aus institutioneller Geborgenheit und der Droge des Erfolges erreicht die Industriegesellschaft bei vielen leicht Loyalität bis hin zu einer quasi-religiösen Hingabe an den Betrieb. Junge Unternehmensberater, »Trainees« und Auszubildende zeigen mit ihrem eng durchgetakteten »Studium« langweiliger Standardrezepte fürs gewünschte praktische Ergebnis, mit ihrem ewigen Praktikumsmarathon und ihrer jung-arrivierten (oder frühvergreisten) Kleiderwahl nicht weniger Frömmigkeit im industriellen Ehrgeiz als der devoteste Klosterschüler Frömmigkeit im christlichen Glauben beweisen mag.

Die berufliche Praxis ist für den Funktionär die *religio*, die Rückversicherung über das für seine Existenz Entscheidende in seinem täglichen Denken und Tun. Das erklärt den unbegrenzten Fanatismus, mit dem modernen Institutionen gedient worden ist und gedient wird; sie, nicht die etablierten Religionen, erlösen die meisten von uns von Ortlosigkeit, Unsicherheit und Bedeutungslosigkeit. Deshalb konnte in der jüngeren Geschichte »Otto Normalverbraucher« bei entsprechenden Vorgesetzten so oft und so reibungslos zu »Otto Normalverbrecher« werden.

Ohne entschiedenen geistigen Widerstand aufgrund eigener Wertvorstellungen kann die Vertiefung in dieses Spiel der Karriere das ganze Dasein des Einzelnen in seinen

Bann schlagen, ihn zum Funktionär machen und ihn so als Menschen aus der Welt schaffen. Wem dies zu dramatisch klingt, der denke für einen Moment an die ihm bekannten Fälle, in denen das »Arbeitsleben« eines Menschen seine Familie und seine sonstigen persönlichen Beziehungen zerrüttet hat. Hoffentlich ist kein Leser dieses Buches selbst ein solcher Fall: moralische Leere, völliger Mangel an tieferen menschlichen Beziehungen oder Kälte im Umgang mit den wenigen Bezugspersonen, begleitet von einem sinnlosen Übermaß materieller Güter und ihrem zügellosen Verbrauch (der *nicht* ihr Genuss ist); geistige Windstille inmitten eines Sturms von Geschwätz, Aktionismus und bis zur Lächerlichkeit wählerischem Konsum.

Es ist ein gängiger Ausdruck, von »unmenschlichem« Verhalten zu sprechen, etwa bei Kriegshandlungen oder anderen Verbrechen, aber durchaus auch bei kleinen, den bösartigen sittlichen Bankrott einer Person verratenden Gemeinheiten des Alltags. Unsere Sprache weiß also, dass Menschen als Nicht-Menschen, als *etwas Anderes* agieren können; diese entmenschlichte Alternative, wie unsere Körper und unser Verstand in der Welt sein können, *ohne* menschlich zu sein, ist das Dasein als Funktionär. Professionelle Arbeit und Erfolg nach dem Muster der Institutionen unserer Industriegesellschaft ist die Religion der Funktionäre, ihr Ehrgeiz ist ihre Frömmigkeit.

Mythos des Erfolgs

Wie geht nun diese Karriere mit uns vor sich, die uns in Funktion und dabei ums Leben bringen kann? Es gibt keinen typischen biographischen Ansatzpunkt für diese Erkundung, aber die Einrichtungen unserer Gesellschaft führen uns früh auf die Karriere hin, indem sie uns ihre Form und Logik beibringen. Wir gewöhnen unsere Kinder in die Tagespflege ein, bevor sie ihre Schullaufbahn beginnen, in der jede Verwahranstalt auf die Anforderungen der nächsten gezielt vorbereitet. Norbert Elias hat angemerkt, dass die Zeitspanne, die Menschen in solchen Erziehungseinrichtungen zubringen, sich entsprechend den wachsenden disziplinarischen Anforderungen der Gesellschaft an ihre Mitglieder in der Neuzeit stetig verlängert hat.

Dabei wird an jeder Stelle des Weges behauptet, unsere Einordnung in gerade diese Institution diene der Vorbereitung auf »das Leben« oder »die Wirklichkeit«. »Nicht für die Schule, für das Leben lernen wir« (Lucius Annaeus Seneca) – damit ist schon ehrlich ausgedrückt, dass diese Schule nicht das Leben ist. Unsere Schullaufbahn besteht in sich ablösenden Spielen mit engen Regeln, die uns den Ernst der Dinge erschließen sollen, bevor wir ihn selbst erleben und für die nächste Generation wieder erzeugen dürfen.

Wir werden für die Dinge, wie sie sind, ernst gemacht. Es geht um die Vorbereitung auf die Übernahme einer klar umschriebenen Funktion. Diese Einordnung setzt Disziplin voraus, also die Fähigkeit, seinen Blick, sein Fühlen, Denken und Tun einzuschränken und zu konzentrieren. Menschen suchen einen ihnen gemäßen Lebensweg, Institutionen bieten standardisierte Laufbahnen; der widernatürliche Kraftakt, diesen Widerspruch zu überbrücken, heißt »Ausbildung«. An deren Ende muss sich bei uns Disziplin ausgebildet haben – will man nicht buchstäblich aus dem Rahmen der Gesellschaft fallen.

Dann treten wir ins »Arbeitsleben«, ins »Berufsleben«, in die »Arbeitswelt« ein – alles Ausdrücke, die eine umfassende Ordnung unserer Zeit und eine durchdringende Sinngebung für unsere Zukunft erwarten lassen. Denn alle diese Ausdrücke haben eine logische Eigenheit gemeinsam:

Sie kombinieren einen Begriff, der doch eindeutig nur einen Teilvollzug des Lebens bezeichnet – »Arbeit«, »Beruf« – mit ihrem Oberbegriff »Leben«. Es sind in sich widersprüchliche Begriffe, die eine Gesamtheit (das Leben) in den Dienst eines bestimmten Teilvorgangs des Lebens (Arbeit, Beruf) stellen wollen.

Damit haben diese Begriffe eine klare ideologische Stoßrichtung: Sie suggerieren uns die Norm, dass der Teilvorgang Arbeit im Zentrum des Lebens steht, sogar mit dem Leben insgesamt identifiziert wird. Schließlich ist das »produktivste« und fügsamste »Humankapital« der Mensch, der alles in seinem Leben auf die Arbeit ausrichtet. Sucht man sich ein paar unspektakuläre, weniger allgemeine Beispiele für diesen Versuch, so tritt das Lächerliche an Wortschöpfungen wie »Berufsleben« und »Arbeitswelt« erst richtig hervor: Es ist logisch betrachtet so, als wollte man mit einem Autotransportmittel oder einem Fahrradzweirad fahren, oder als wollte man auf seinem Tischmöbelstück Brotzeit halten. Unterbegriffe werden im Handstreich zu Oberbegriffen erklärt.

Sobald der Übertritt aus dem … nun ja, wohl aus dem *Vor*leben in das Arbeitsleben gelungen ist, nimmt eine bestimmte Dynamik mit uns ihren Lauf; ein bestimmtes Programm läuft mit uns ab. Dieses Programm vermag es, unseren Arbeitsort zu dem werden zu lassen, was auch im Übrigen vernünftige Leute dann oft als »ihre Welt« bezeichnen. Und es stimmt: Jede der Zweckgemeinschaften, in denen wir unsere Laufbahnen verfolgen, kann aus der Innensicht als eine eigene Welt für sich erfahren werden; sei der Sinn jeder dieser Einrichtungen auch noch so eng beschränkt. (Und der Sinn jeder Institution ist beschränkt. Sinnbeschränkung ist das Wesen der Institution; sie wird ausschließlich durch den ganz bestimmten Zweck legitimiert, den sie erfüllt.)

Mythos des Erfolgs

Die Industriegesellschaft benötigt und kultiviert den psychologischen Treibstoff des Erfolgs als Ausgleichsmoment für Sinnarmut und Monotonie. Erfolg dient im System als Rauschmittel und Manipulationsinstrument; Erfolg teilt unsere oft stark sinnbeschränkte Arbeit in Phasen von Anstrengung und Verzehr der errungenen Karotte und macht sie so erträglich. So werden wir zugleich auf den Weiterbetrieb, auf die Fortschreibung der Sinnbeschränkung unserer Tätigkeiten eingeschworen.

Um das zu erkennen, muss man zuerst mit der Denkgewohnheit brechen, dass Erfolg an sich bedeutsam und wertvoll sei. Dieses Vorurteil hat viel für sich; wer wollte schon erfolglos sein? Erfolgreich oder erfolglos sind wir jedoch nur in Hinsicht auf genaue Anforderungen, die Andere oder wir selbst uns stellen. Diesen Anforderungen liegen Wertvorstellungen zugrunde, die auch dann nicht alternativlos sind, wenn sie uns selbstverständlich vorkommen. Sie müssen immer aufgeklärt werden – will man ihnen nicht einfach untertan sein und ihnen eventuell mit Haut und Haaren zum Opfer fallen.

Der Preis einer naiven »Hurra«-Einstellung zum Erfolg ist hoch, die Gefahr für unsere Zufriedenheit ist groß. Erfolg ist ein tückisches Konstrukt, vor dem wir uns in Acht nehmen müssen. Von einem »Erfolg« reden heißt, ein bestimmtes Ergebnis für bedeutsam und erstrebenswert zu erklären; es heißt *nicht*, eine Tatsache zu benennen. Erfolg wird veranstaltet, und das ist keine harmlose Veranstaltung, sondern die Errichtung eines zweifelhaften Götzen, einer regelrechten Zwingburg, in der unser Denken und Fühlen festgesetzt werden kann.

Zunächst ist Erfolg nichts für gewöhnliche Leute mit gewöhnlichen Fähigkeiten. Vielmehr denken wir an talentierte, kraftvolle, fanatisch fleißige Menschen, wenn wir von

Erfolg sprechen; jedenfalls aber an Leute, die auf irgendeine Weise zur Auszeichnung vor den Anderen befähigt sind. Bildlich stellen wir uns Erfolgreiche günstig beleuchtet und klar konturiert vor verschwommenem, aber weitem Hintergrund vor. Erfolg ist das Besondere und muss daher die Ausnahme sein.

Eine Kultur, die sich auf dieses Besondere, auf den Ausnahmefall Erfolg konzentriert und ihn zum Gegenstand der Verehrung und deshalb des Ehrgeizes macht, sendet damit ständig eine bedrückende Botschaft aus: Alles Gewöhnliche, Alltägliche, Langweilige an uns muss wohl unserem Mangel an Erfolg, unserem Versagen zuzuschreiben sein. Das ist eine psychologisch qualvolle Vorstellung, die Minderwertigkeitsgefühle begünstigt und so den Kampf anheizt, dem »Verliererdasein« der Gewöhnlichkeit durch Erfolg zu entkommen. Die Marketingleute wissen genau, was sie tun, wenn sie ihren Werbekosmos mit Aufforderungen an den Konsumenten füllen, doch bitte seine »Einzigartigkeit« zu erkennen, zu »aktivieren«, zu »leben«, und was der einfältigen Phrasen mehr sind.

Jemand mag als ein erfolgreicher Geschäftsmann gesehen werden, wenn er sein Kapital binnen eines Jahres verdoppelt. Ist diese Verdopplung bedeutsam und wertvoll? Vielleicht hatte er vor diesem Jahr schon 50 Millionen und nun hat er 100, aber seine Familie ist während dieses Jahres an seiner ständigen Abwesenheit und seiner Erschöpfungsdepression zerbrochen. War das ein erfolgreiches Jahr? Oder betrachten wir ein anderes Beispiel aus dem jüngst so schlagzeilenträchtigen »Investmentbanking« – ein Feld, das viel zu wenig verstanden wird, und dessen Akteure auch deshalb weltweit mit unfassbaren Vergehen wider das Gemeinwohl davonkommen.

Mythos des Erfolgs

Mitarbeiter einer »Investmentbank« sind faktisch Spieler in einem Kasino: Man spekuliert auf die Wertentwicklung von Aktien oder Schuldpapieren und gibt Papiere heraus, mit denen sich auf solche Entwicklungen wetten lässt. Ein solcher Spieler (»Investmentbanker«) also erwirbt über diverse Briefkastenfirmen seines Kasinos die Kaufrechte an großen Teilen der nächsten Maisernte, sagen wir, in Peru. Nun verkauft er zahlungskräftigen Privatpersonen ein Stück Papier folgenden Inhalts: »Du darfst zum Zeitpunkt X von mir so-und-so-viele Tonnen Mais kaufen zu dem garantierten Preis P. Du musst das aber nicht tun, es ist nur eine *Option*. Für diese Option zahlst du mir heute eine kleine Gebühr.«

Nun warten die Käufer dieser *Optionsscheine* bis zum Zeitpunkt X ab und beobachten, wie der Maispreis in Peru sich entwickelt. Liegt der Maispreis zum Zeitpunkt X *über* dem vereinbarten Fixpreis P, so nutzen sie ihren Optionsschein und kaufen Mais, den sie dann mit Gewinn zum höheren Marktpreis weiterverkaufen. Die Kasino-Betreiber (»Investmentbanker«) hatten ja schon mit den Gebühren für diese Optionsscheine Geld verdient; nun sitzen sie im zweiten Schritt so lange auf der erschlichenen Maisernte, bis der Preis in die gewünschten Höhen steigt. Dann verkaufen sie selbst und machen noch einmal Kasse. Die Armen Perus bezahlen pro Packung Maisfladen 25 % mehr direkt an die reichen Privatpersonen mit den Optionsscheinen und an das Kasino, dessen federführender Spieler einen gewaltigen Bonus erhält. War das ein Erfolg für den Besitzer der Optionsscheine und den »Investmentbanker«?

Die Antwort ist in all diesen Beispielfällen nur dann »Ja«, wenn man das Geldraffen als den obersten Wert, die Leitnorm des Lebens betrachtet und das Wohlergehen von Menschen niedriger achtet als seinen finanziellen Vorteil. Kurz, wenn man, wie Spinoza es ausdrückt, einer jener

Erlösung im Erfolg?

Menschen »von ohnmächtigem Geiste ist, deren größtes Glück darin besteht, das Geld im Kasten zu betrachten und sich den Bauch zu füllen.« (Dieser Charaktertyp kommt notgedrungen besonders oft in Ländern vor, in denen öffentliche Güter wie Gesundheit, Wasser, Grund und Boden, Bildung und Ausbildung usw. dem Marktgeschehen ausgeliefert werden. Denn dort muss man sie als Privatperson zu maximalen Preisen einkaufen und wird so zum Geldraffen gezwungen, will man nicht elend leben.)

Erfolg und Zufriedenheit fallen nicht notwendig zusammen. Menschen können nach unterschiedlichen Maßstäben sehr erfolgreich sein, ohne zufrieden zu sein. Zufriedenheit hängt davon ab, welche Ziele wir uns setzen und wie wir bei ihrer Verfolgung mit uns selbst und Anderen umgehen. Die Philosophie der Stoiker sagt dazu: Richten wir uns auf Zwecke aus, die ihrer Natur nach unsicher und schwankend sind (wie z. B. Reichtum, Ruhm oder Sinnengenuss), so müssen wir uns auf ein stetiges Auf und Ab einstellen, vielleicht mit einigen Strecken von Euphorie und sicherlich mit regelmäßigen Frustrationen. Zudem bringen wir das Leid über uns, das Vergleichung mit Anderen mit sich bringt. Wir können uns diesen traditionellen Zielen erfolgreich widmen und dabei vollkommen unglücklich werden bis hin zur Selbsttötung.

Der Mythos, demzufolge Erfolg ganz einfach *der* Schlüssel zur Erfüllung sei, ist nützlich dafür, uns ganz und gar für die betrieblichen Zwecke unserer Institutionen zu mobilisieren. Unser Vorurteil, nach dem Erfolg schon *an sich* bedeutsam und wertvoll sei, motiviert uns in der für das industrielle System richtigen Richtung. So wird im Betrieb der Industriegesellschaft Erfolg und Anerkennung dem Einzelnen genau in dem Maße zugesprochen, in dem er sich allein dem Institutionszweck widmet. Das kann das Geldverdienen sein oder die Erfüllung einer bestimmten Verwaltungsfunktion.

In dem Moment, in dem wir unsere moralische Eigenständigkeit beachten und fragen, ob der in unserer Arbeitswelt zu erringende Erfolg eigentlich erstrebenswert sei, kommen wir dem System als Funktionär abhanden. Vorstellungen eines dem Betrieb übergeordneten sozialen Guten, eines übergreifenden Sinns also, sind für die Prämierung mit Erfolg genauso wenig relevant wie die umfassende Geschichte seiner selbst, die ein Mensch zu erzählen hat. Im Gegenteil: Erfolgsprämien erhält von der Industrie, wer besonders gekonnt dabei hilft, den öffentlichen Raum und die allen gemeinsamen Interessen zugunsten der engen Ziele bestimmter Institutionen *auszuspielen*. Erfolgreich ist, wer das Nachdenken über sich selbst im Lichte seiner Erfahrung zurückstellt und sein Denken und Tun auf das Funktionieren im Arbeitskontext hin engführt, d. h. »optimiert«. »Erfolgstypen« denken besonders konsequent beschränkt und tun genau, was von ihnen erwartet wird (soweit sie es erraten können).

Würde des Profits

Wir können unsere Institutionen als Erlösungsanstalten verstehen, die ihren Funktionären Erfolgsmöglichkeiten organisieren. Veranstalteter Erfolg wird uns als Bindemittel einer zersplitterten Identität angeboten. Der Kampf um Erfolg in der Karriere ist der übliche Weg, auf dem wir nach Selbstsicherheit und Erfüllung zu streben lernen. Unser Leben gewinnt dann Struktur und Richtung *nicht* aus der Verfolgung selbst gesetzter Ziele, sondern aus der Anpassung an die Erwartungen, die Vorgesetzte, Kollegen, Kunden,

»Stakeholder« oder einfach »die Gesellschaft« mutmaßlich an uns haben.

Die Industriegesellschaft ist darauf ausgelegt, ihre Mitglieder von sich selbst abzuwenden, um sie ganz dem Betrieb auszuliefern. Darin spiegelt sich wider, dass wir als Einwohner der Ordnung des Ansehens systematisch und ständig unserer selbst unsicher gemacht werden. Unser stetes Navigieren unter den Erwartungen, die wir je nach Situation bei den anderen unterstellen, ist *praktizierte* Selbstunsicherheit: Wie habe ich momentan zu sein, um Akzeptanz zu finden?

Wenn Erfolg das moderne Erlösungsversprechen ist, so kommt uns diese Verheißung teuer zu stehen; sie ist »nicht die Erlösung vom Übel, sondern die üble Erlösung« (Thomas Mann). Zunächst ist ihr Grundansatz, man entschuldige den drastischen Ausdruck, *idiotisch:* Wir streben im Erfolgskampf nach Selbstsicherheit, indem wir die Selbstverunsicherung mit dem sportlichen Eifer unseres Ehrgeizes betreiben. Denn die stete Anpassung an die wechselnden Erwartungen stetig wechselnder Personenkreise in unseren Karrieren erfordert eine andauernde, geradezu bewusst erzeugte Verunsicherung über unsere Wirkung auf andere.

Ebenso gut könnte man innere Ruhe im Nachtclub oder Konzentration auf dem Jahrmarkt suchen. Wir streben im Erfolgskampf nach persönlicher Erfüllung. Aber dieser Kampf nötigt uns dazu, es gerade zu vermeiden, *eigene* Wünsche und Ziele zu erdenken, die wir dann *in unserem Sinne* erfüllen könnten. Unser Streben nach persönlicher Erfüllung wird zum Instrument der Erfüllung von Kapitalinteressen pervertiert. Und diese Idiotie ist ansteckend: »Niemand irrt für sich allein, sondern er ist immer auch Ursache des Irrtums Anderer« (Lucius Annaeus Seneca).

Würde des Profits

Außerdem bedeutet die Industrialisierung des Menschen zum Funktionär, der seinen Lebensunterhalt verdienen muss (der demnach nicht *einfach so* zu leben verdient hat), dass dem Einzelnen jeder unveräußerliche Aspekt, jeder unbestreitbare Eigenwert aberkannt wird. Der Wert des Funktionärs bestimmt sich allein nach seiner klar definierten Nützlichkeit als Lieferant von Arbeitskraft und ist letztlich ein Geldwert.

Hier liegt eine weitere Funktion des Konzepts »Erfolg« und der Praxis des Erfolgreichmachens der Funktionäre, die jede Institution betreibt: Das Werkzeug »Erfolg« ist auch deshalb nötig, weil der Wert eines Menschen in der Industriegesellschaft als unerwiesen betrachtet wird, bevor er dem Betrieb Nutzen, Geldwert stiftet. Erfolg ist die Beglaubigung unseres Geldwertes, der Beweis, dass unser Leben seinen Unterhalt verdient hat und nicht »schmarotzt«. Wer sich selbst um seiner Karriere willen industrialisiert, der verhält sich deshalb nicht nur lebenspraktisch idiotisch, sondern vergisst nebenbei auch seine Würde.

Würde hat (nach Kants genialer Einsicht), was keinen Preis hat, sondern was den Preis aller anderen Dinge *als ihr Maßstab* festlegt. In der Industriegesellschaft wird dem Geld in seiner Gestalt als Gewinn (Profit) Würde verliehen – nicht einfach dem *Geld*, denn Geld ist ebenso wie Maschinen, Land, Immobilien und alle anderen Dinge nur eine Form von Kapital (Karl Marx würde sagen: eine Ware); es kommt für die industrielle Würde des Geldes allein darauf an, dass aus dem Kapital etwas mehr gemacht wird, als anfangs investiert wurde. Es kommt auf den *Profit* an. Wer in der Industriegesellschaft existieren will, muss seine Arbeit als Ware verkaufen und sie so in den »Zirkulationsprozess«, in den »Umschlag« (Karl Marx) des Kapitals einspeisen, der nur fortlaufen und den eigenen Arbeitsplatz zumindest zeitweise sichern kann, wenn er stetig Profit abwirft.

Der Logik des Kapitalismus entsprechend dient Profit damit als Maßstab, der den Preis aller anderen Dinge faktisch bestimmt: Die Profiterwartung bestimmt den Preis der Arbeitskraft, die dem Arbeiter zugestandenen Rechte auf Erholung, Gesundheitsversorgung usw., die Investitionsbereitschaft in einem bestimmten Land (dem »Standort«), die Höhe der Bestechungsgelder (»Spenden«) an politische Parteien usw. Somit ist der Profit als Leitwert, als der einzige Wert-an-sich, etabliert. Der Profitgedanke selbst ist der Kritik und Bewertung entzogen, er regiert absolut, sofern nicht ein ausgleichender Sozialstaat einige öffentliche Güter durch solidarische Finanzierung vor ihm in Sicherheit bringt.

Der Zirkus von Erfolg und Versagen ist deshalb systemnotwendig, weil der Profit und nicht der Mensch mit seinen Bedürfnissen und Rechten im industriellen System als maßgeblich und unantastbar geachtet wird. Der von der Institution damit entwürdigte Mensch ist in einer Welt, die nur noch aus ineinandergreifenden Arbeitswelten und der Natur als ihrem Rohstoffreservoir zu bestehen scheint, tatsächlich gleichgültig. Um diesen Alpdruck zu lindern, muss er einen Weg aufgewiesen bekommen, sich gegenüber der Institution ein Anrecht auf Achtung und damit auch auf Lebensunterhalt zu sichern. Wir verstehen unsere Entwürdigung und ringen dementsprechend vehement um Erfolg und die ihn beglaubigenden Statussymbole, gequält von Versagensängsten.

Die pseudomoralische Fassade des Betriebs

Beim Kampf um unser Daseinsrecht in der Industriegesellschaft bewegen wir uns in einem fein austarierten Rahmenwerk. Die funktionsorientierten Institutionen bauen eine

Die pseudomoralische Fassade des Betriebs

sittliche Fassade auf, die uns das ausschließlich zweckrationale Agieren moralisch so bequem und schmerzfrei wie möglich machen soll. Vor dieser Fassade bietet sie denen, die das Stück mitspielen, eine tiefe, potentiell den ganzen Alltag durchdringende pseudomoralische Befriedigung an. Die beste Bezeichnung für diese Pseudomoral des Betriebs ist »Professionalität«.

Intern hat jede Institution ihr Regelwerk, ihre Hierarchie sowie eine gewisse kulturelle Stimmigkeit im Verhalten ihrer Mitglieder. Die Einhaltung des Regelwerks der Organisation einerseits und ein wohlabgewogenes, d. h. dem Institutionszweck förderliches Ignorieren, Beugen oder Brechen moralischer Verpflichtungen sowie »cleverer« Umgang mit Staatsgesetzen werden belobigt und prämiert. Ganze Abteilungen »optimieren«, d. h. minimieren z. B. in vielen großen Unternehmen die an die Allgemeinheit abzuführenden Steuern und betreiben die »Aufklärung« politischer Akteure im Sinne ihres Profitinteresses.

Die äußeren Formen einer allgemeinen Sittlichkeit – Lob und Tadel, öffentliche Anerkennung besonderer Leistungen usw. – prägen in den funktionsorientierten Organisationen Wiedergänger aus: interne Wertetafeln, Verhaltensrichtlinien, kitschiges Gerede über die Loyalität und den persönlichen Einsatz des Mitarbeiters für seine Aufgaben bei Jubiläen, Anstecknadeln, Dankeszeremonien, Preisverleihungen und Ranglisten der besten Verkäufer, Projektleiter oder der effektivsten Führungskräfte. Die Betriebspropaganda der Institutionen pflegt dazu die passende Rhetorik, die alle Register sittlichen Vokabulars zieht.

Da ist dann etwa von »Leidenschaft« und »Hingabe« an die Berufstätigkeit die Rede, und Laborant, Rechnungsleger und Vorstandschef erweisen sich in »Interviews« und »Features« in den immer gleichen Phrasen als edle Gemüter, die »in der Welt einen Unterschied machen« und »das Leben derer verbessern wollen, denen wir dienen«. (Siegfried Kracauer zitiert in seinem Klassiker *Die Angestellten* aus einer Betriebszeitung, die diese Art von pseudomoralischer Propaganda verbreitet. Er gibt den schönen Hinweis, kritische Arbeiter hätten die Publikation »Die Schleimtrompete« getauft.)

All dies kann zusammengenommen zu einer regelrechten Illusion sittlicher Geschlossenheit und Vollwertigkeit des industriellen Betriebs führen, die eine quasi-religiöse Hingabe an diesen Betrieb fördert. Erfolgreiches Tun ersetzt in den Institutionen moralisches Handeln, wird aber in den äußeren Formen wie moralische Bewährung behandelt. Man tut so, als sei der Betrieb eine moralische Anstalt. All dies ist Kitsch – es zielt hoch und trifft niedrig (diese Definition ist von einem Journalisten, dessen Namen ich vergessen habe). Es stellt aber tatsächlich viele zufrieden, deren gesamte praktische Energie auf ihre Arbeit konzentriert ist.

Die lebenslange Verfolgung von hierarchischem Aufstieg und Rangerhöhung ist nicht einfach aus der Tatsache zu erklären, dass Menschen mehr Geld geboten wird. Es wird im Paket mit Symbolen von Erfolg und damit von Sozialstatus zugeteilt, die in Wahrheit nur Symbole der Betriebsdienlichkeit sind. Dies wird im System auch überhaupt nicht verschleiert: Mitarbeiter sind ein Betriebsmittel unter anderen im Produktionsprozess, sie sind »Human Resources«, »Menschliche Betriebsmittel«. Deshalb heißen auch die Abteilungen, die sich um Personalangelegenheiten kümmern, oftmals »Human Resources«.

Diese Mentalität befördert das völlige Abhandenkommen moralischen oder politischen Nachdenkens im Betrieb. Intrigante Lügner, Verleumder und Manipulatoren sind dann im deutlichsten Falle »schwierige«, »energische« oder »meinungsfreudige« Kollegen. Eingefahrene Korruption wird zur »Herausforderung im Kundenmanagement« – und tatsächlich nutzt es dem erklärten Geschäftszweck gar nichts, sittliche Bewertungen auszusprechen. Es nutzt dem Betriebsergebnis aber sehr wohl, die sittliche Wirklichkeit einer Situation zu ignorieren und sich zu fragen, welches Vokabular am besten dabei helfen kann, die Energie der jeweiligen Lage für den Betriebszweck nutzbar zu machen.

Der »meinungsfreudige« Kollege wird dann eben gezielt am Anfang des Arbeitstreffens um seine Einschätzung gefragt, und diese – was immer sie sei – wird dann vom Vorgesetzten auf brauchbare Elemente abgesucht, über den grünen Klee gelobt und während der Diskussion immer wieder moderierend aufgenommen. Der Störenfried wird totumarmt. Der korrupte Marketingleiter wird an eine Stelle versetzt, »auf der seine Begabungen noch besser zur Geltung kommen können«, sofern er sich nicht »entscheidet, Entwicklungsmöglichkeiten außerhalb des Unternehmens wahrzunehmen«. Unbequeme höhere Beamte oder Militärs werden in den einstweiligen Ruhestand geschickt.

Die Prostitution aller Gesten und Praktiken der Moralität und Vernunft an den doch bloß zweckrationalen Betrieb ist ein entscheidendes kulturelles Betriebsmittel der Industriegesellschaft. Menschen werden wie alles andere als rational einsetzbare Sachen betrachtet. Deshalb ist alles, was Menschen wichtig und wert erscheint, ein potentielles Motivationsmittel für den Betrieb. Als Motivation zum Erfolg werden unsere Bedürfnisse, Hoffnungen und Neigungen in den Kerkermauern unserer Institutionen mit verbaut.

Wir sind in unseren Arbeitswelten einem ganzen System der Beeinflussung und Steuerung ausgesetzt, das nicht mit der Wirklichkeit verwechselt werden darf. In unseren Institutionen arbeiten wir in einer Kultur des manipulativen Relativismus. Was immer der Mitarbeiter, also das »menschliche Betriebsmittel«, zum Funktionieren nötig hat, wird ihm gewährt: Was er hören muss, wird gesagt, was er mutmaßlich nicht hören will, wird möglichst auch nicht zum Thema gemacht, was er für wahr hält, wird bestärkt, was er verurteilt, wird soweit möglich auch gescholten; nur was in ihm die Frage nach dem Sinn und den globalen Folgen seines industriellen Arbeitens aufwerfen könnte, kommt sicher nirgends vor. Schließlich wäre es ganz unprofessionell, derart zu »philosophieren«.

6. Arbeitswelt statt Wirklichkeit

Die unwirklich scheinenden Grausamkeiten unserer Abendnachrichten und die sozialen und technischen Errungenschaften der Industriegesellschaften haben etwas gemeinsam: Sie entstehen als Koproduktionen unterschiedlicher Arbeitswelten. In den Arbeitswelten suchen Ehrgeizige ihren Erfolg. Dabei können sie sich wie vollständige, moralisch in einer Gemeinschaft verankerte Menschen fühlen, obwohl sie nichts weniger sind als dies. Tatsächlich aber verstellt die Arbeitswelt uns den Blick auf die Wirklichkeit, indem sie uns fest in einen Raum in sich geschlossener Rationalität einfügt.

Nichts ist in unserem Arbeitsleben so, wie es aus der Perspektive unseres Alltagserlebens erscheint. Wir müssen jetzt einen großen Bogen beschreiben, um herauszufinden, was es mit dem Verhältnis unserer Arbeitswelten zur Wirklichkeit genau auf sich hat. Zuerst sprechen wir deshalb ausführlicher über die Arbeitswelt, dann unterscheiden wir sie genau, durchaus penibel und humorlos, von der Wirklichkeit. Denn unser gedanklich unsauberer Umgang mit diesen Begriffen ist ein Teil des Deckungskapitals, auf das die Industriegesellschaft zur Absicherung unserer Loyalität rechnet. Diese Erwägungen geben dann den Anlass, noch näher über Rationalität und Vernunft nachzudenken und insbesondere zu fragen, wie sie sich eigentlich genau voneinander unterscheiden.

Dass Rationalität und Vernunft nicht dasselbe sind, ist zuvor schon hier und da angeklungen, die Unterscheidung muss aber noch genauer ausformuliert werden. Bei näherer

Prüfung ihres Unterschieds ergibt sich, dass unsere Sorge um die Wirklichkeit – also um das tatsächliche Wohlergehen unserer selbst, der Anderen und der Welt – sich nur in *vernünftigem* Nachdenken ausdrückt. *Rationale* Überlegung dagegen zeigt in einem ganz bestimmten Sinn allein die gezielte, möglicherweise gewissenlose Abkehr von der Wirklichkeit an. In diesem Sinne kann man auch die oft in der Politik und anderswo auftauchenden Begriffe »Realismus« und »Pragmatismus« definieren: Realismus ist die Haltung, in der wir der Wirklichkeit vernünftig beikommen und sie verbessern wollen. Pragmatismus dagegen ist die Verwaltung der bestehenden Zwecke und ihrer jeweiligen Rationalität auf Kosten der Wirklichkeit.

Arbeitswelt, oder: Ein Teil spielt Ganzes

Beginnen wir mit einer Unterscheidung von Idee und Erfahrungsbegriff, die sich lose an Kants *Kritik der reinen Vernunft* anlehnt. Sie ist hilfreich, um den eigenartigen Begriff »Arbeitswelt« zu analysieren und richtig einzuordnen. Erfahrungsbegriffe können anhand unseres Erlebens in dieser oder jener Weise nachvollzogen und durch Beispiele verdeutlicht werden; wir können einander zeigen, was ein Tisch und was ein Stuhl ist, und dann verstehen wir es sofort. Für eine Idee hingegen kann, in Kants älterem Deutsch ausgedrückt, »kein kongruierender (entsprechender; Anm. Andrick) Gegenstand in den Sinnen gegeben werden«. Eine Idee als »reiner Vernunftbegriff« lässt sich nicht sinnlich veranschaulichen.

Karl Hepfer rät, sich das Wesen der Kant'schen Idee an einem komplexen, bunten Wandgemälde in einem Renaissanceschloss zu verdeutlichen: Was beim Betreten des Saales wie ein wildes Durcheinander von Leuten, Pferden, Waffen, Häusern und Bäumen aussieht, fügt sich von genau einem Standpunkt der Betrachtung aus zu einem harmonischen Ganzen; dies ist der Ort im Saal, von dem aus wir die Elemente des Gemäldes auf ihren gemeinsamen Fluchtpunkt hin betrachten. Dieser Fluchtpunkt ist nicht auf der Bildfläche zu finden; er befindet sich in der Tiefe des Raumes hinter und außerhalb des Gemäldes. Und doch können wir den Sinn und die eigenartige Schönheit des Kunstwerks nur durch Konzentration unserer Betrachtung auf diesen Punkt erkennen. Dieser Punkt ist die Idee, der vereinheitlichende Gesichtspunkt der Sache.

Neben »Freiheit« und »Unsterblichkeit« hält Kant die Idee der »Welt« für philosophisch unerlässlich. »Welt« meint den letztlichen Zusammenhang aller möglichen Erfahrung in einem Ganzen; dieses Ganze nennen wir im heutigen Sprachgebrauch die Wirklichkeit oder die Realität. Im Großen betrachtet hilft uns die Idee der Wirklichkeit, unsere konkreten Erfahrungen zu bewältigen. Wir bedenken sie daraufhin, wie sie in einen anzunehmenden Gesamtzusammenhang gehören, den unsere Lebenserfahrung und unsere übrigen Kenntnisse uns schon zu einem gewissen Grad erschlossen haben. Die Idee der Wirklichkeit hat damit für den sozialen Bereich dieselbe Funktion wie unsere Idee des menschlichen Selbst für jeden von uns. Die Idee der Wirklichkeit gibt unseren Plänen und Bemühungen die Sicherheit, dass sie in einem umgreifenden Zusammenhang einen Platz haben.

Auch wenn wir diesen letztlichen Zusammenhang nicht kennen (und nach Kants Ansicht auch nicht erkennen können), so erahnen wir ihn doch zumindest in der Regelmäßigkeit und Berechenbarkeit weiter Teile unserer Erfahrung. Die Idee des Selbst, der wir uns im zweiten Kapitel gewidmet haben, meint die Zusammenführung unserer unterschiedlichen Erfahrungen in einer Erzählung von uns, die unserem Leben Sinn, Richtung und Einheit verleiht. Eine solche Erzählung von uns braucht einen stabilen, berechenbaren Rahmen, und diesen bietet die Idee der Wirklichkeit. Als ganze betrachtet verkörpert unsere Sprache diese Idee und bringt Ordnung in unser Verhältnis zu den Dingen und anderen Menschen.

In gewissem Sinne sind wir mit den Ideen von »Selbst« und »Welt« überfordert: Unsere Erfahrung ist beschränkt, unsere Erinnerung ist schemenhaft und löchrig, unser Verstand ist mangelhaft. Auch sind wir an einen einmaligen Erfahrungsstandpunkt gebunden, über den wir nicht hinauskommen. Deshalb können wir die Gesamtheiten, auf die sich die Ideen von Wirklichkeit und Selbst richten, niemals erschöpfend erfassen und ausdrücken. Jeder macht nur einen kleinen Ausschnitt aller Erfahrung, die ihm möglich wäre; jeder bleibt sich selbst in einem gewissen Grade rätselhaft. Wir können weder völlig aus unseren vorbewussten Prägungen und Denkmustern austreten, noch können wir völlig verstehen, was genau neue Erfahrungen bei uns auslösen werden.

Dennoch verschafft uns die Idee eines allgemeinen Ganzen (d. h. der Wirklichkeit) und die Idee eines individuellen Ganzen (d. h. des Selbst) einen Rahmen, in dem unsere Erfahrung einen Zusammenhang gewinnen und unser Leben Richtung und Bedeutung erlangen kann. Nur in dem Bewusstsein, als ein Selbst in der Wirklichkeit zu sein, können wir eigentlich leben; denn Leben ist die Arbeit an uns selbst im Lichte unserer Erfahrung. Und diese Arbeit ist nur möglich, wenn wir uns auf eine Ordnung des Ganzen verlassen können, die unsere Erfahrung regelmäßig und damit unser Verhalten planbar macht. Wirklichkeit und Selbst sind die gedanklichen Klammern, mit deren Hilfe wir im Nachdenken den Sinn aller Dinge und unseres eigenen Lebens herstellen und festhalten.

Arbeitswelt, oder: Ein Teil spielt Ganzes

Das Konzept einer Arbeitswelt ist also von Anfang an unstimmig, wie wir im Vorkapitel bereits erörtert haben. Der darin angedeutete Sachverhalt – eine Welt, die in irgendeinem Sinne *aus Arbeit besteht* – ist unmöglich: »Welt« steht für die Wirklichkeit, den Gesamtzusammenhang der Dinge; der Ausdruck »Arbeitswelt« bezieht sich auf diese Welt, aber mit dem Hinweis, dass die damit bezeichnete Welt nur einen Teil der Welt, die Arbeit, umfasse. Das ist ein Widerspruch in sich. Die »Welt«, von der im Ausdruck »Arbeitswelt« die Rede ist, kann also nicht die Wirklichkeit sein. Dennoch ist die Tendenz, von der Teilwelt etwa einer bestimmten Arbeit wie von der Wirklichkeit zu sprechen, verständlich. In einem einfachen, nicht zu verkennenden Sinne leben wir in einer Welt, die (überall dort, wo sie nicht Traum, Kunst oder Natur ist) ein Mosaik aus Teilwelten darstellt. Diese Teilwelten sind unsere Arbeitswelten.

In der Wirtschaft ist von der »Welt der Forschung«, der »Welt des Marketings« usw. die Rede. Es gibt auch keinen Alltagsgegenstand, der nicht seine »Welt« hätte: »Bettenwelt«, »Motorwelt«, »Fußballwelt«, »Kosmetikwelt«; noch allgemeiner die »Einkaufswelt«, politisch etwas kleinräumiger: das »Kaufland« oder die »Autostadt«. Aus derselben Mentalität heraus, die solche Ausdrücke hervorbringt, sprechen wir vom »Arbeitsleben« und der »Arbeitswelt«.

Und diese angeblich eigenen Welten werden dann von den Wächtern der betrieblichen Rationalität im Konzept der »work/life balance« (zu Deutsch »Arbeit/Leben-Gleichgewicht«) dem Leben des Einzelnen (d. h. der »Human Resource«) wie ein ihm fremder Bereich gegenübergestellt. Unfreiwillig zeigt dieser brutal ehrliche Begriff auf, dass die mit totaler, weltstiftender Bedeutung aufgeladene Arbeit tatsächlich etwas ist, vor dem das Leben des Menschen geschützt werden muss wie vor einer bedrohlichen Gegenmacht.

Jede Institution, jede Einrichtung in unserer Industriegesellschaft ist eine Arbeitswelt, die sich gern *pars pro toto* als die ganze Welt aufführen möchte, um unser beruhigtes Engagement zu ihrem Zweck zu sichern. Ein Teil spielt Ganzes auf unsere Kosten. Und diese Täuschung gelingt oft, weil unser Arbeitsleben uns zur Übernahme dieses Irrtums regelrecht ausbildet. Die vielen Jahre unserer Karriere besetzen unsere Erinnerung und bestimmen unseren Sinn für Normalität. Und sie bieten uns jene innerweltliche Erlösung aus Professionalität und Erfolg, von der wir im Vorabschnitt sprachen.

Der Weg in die Teilwelten-Welt

Diese Kultur und Gesellschaftsordnung der Arbeitswelten, die man eine »Teilwelten-Welt« nennen könnte, ist nicht zufällig entstanden. Sie steht in einem logischen Zusammenhang mit der Ordnung des Ansehens, die sich im Zuge ihres Zusammentreffens mit der Industrialisierung und anderen Faktoren weiterentwickelte. Diesen in der Sache zwingenden Zusammenhang müssen wir jetzt erklären, um noch genauer zu sehen, in welcher Situation wir uns bei der Führung unseres Lebens heute eigentlich befinden.

Der Mensch musste die Welt seinem Willen unterwerfen, als Gottes Wille nicht mehr eindeutig erkennbar schien. Aus dem christlichen Leben, in das alle an bestimmter Stelle eingebunden waren, wurde nun die christliche Religion unterschiedlicher Bekenntnisse (Konfessionen). Streitfragen lassen sich nicht mit dem Hinweis auf die Ansichten meines Bekenntnisses oder seiner Amtsträger verbindlich regeln, wenn mein Gegenüber einem anderen Bekenntnis anhängt. Damit wurde unser Wille (anstelle des vorgeblichen Willens Gottes) zum Herrscher, zum Souverän der Welt. Das Ergebnis ist die Ordnung des Ansehens. Sie verlangt uns das Spiel des gegenseitigen Ehrerweises ab und bringt uns bei, unsere Wirkung auf andere je nach Situation vorsichtig zu erwägen und soweit möglich zu steuern.

Diese Revolution, in der die Menschen sich dem Willen Ihresgleichen unterwarfen und sich so gegenseitig in den Rang der Gleichheit erhoben, zog weiterhin die Bewegung der Aufklärung nach sich. Ihre Vertreter verlangten eine vernünftige Begründung unserer sozialen Institutionen und boten auch vernünftige Begründungen unterschiedlicher Tiefe und Deutlichkeit an. Die Ordnung des Ansehens ist die soziale Umsetzung der Inthronisierung des menschlichen Willens als Herrscher der Welt; die Aufklärung ist dann die offizielle Ausrufung eines neuen Rechts: Alles, was nun Geltung beanspruchen will, soll dem Urteil der menschlichen Vernunft unterworfen sein. Was noch aus dem ständischen, weltanschaulich verhältnismäßig einigen Mittelalter in die lichte neue Zeit der Vernunft hinüberzuragen schien, wurde einer strengen Kritik unterzogen.

Nach der Aufklärung sollte »aus Gründen gelten« (Georg F. W. Hegel), was Geltung beansprucht; der Mensch solle wagen, sich »seines eigenen Verstandes zu bedienen«, seine »selbstverschuldete Unmündigkeit« überwinden, sich nicht mehr »vor Schatten« fürchten und eine »vernünftige Schätzung der lebendigen Kräfte« entwickeln (Immanuel Kant). Das ist ein Ermächtigungsprojekt zugunsten der Vernunft und zugleich ein Disziplinierungsprogramm für den neuen Souverän der Welt, den menschlichen Willen.

Dieses Vorhaben verlangte Analyse: die Zergliederung der vorgefundenen Institutionen, Autoritäten, Moralität und Religiosität in das, was man für ihre Bestandteile, ihre treibenden Prinzipien hielt. Neue akademische Disziplinen mit frisch eingezäunten Themengebieten sind ein Zeugnis der Ergebnisse dieser Arbeit. Zugleich entwickelt sich eine vielfältige Literatur und Kunst, die bevorzugt am Rätsel des überlasteten Individuums und seiner Qualen arbeitet. Es entsteht eine völlig neue kulturelle Landschaft, die unserer in Arbeitswelten gespaltenen Welt den Grund legte und sie zugleich gedanklich und emotional zu bewältigen sucht.

Einzelnes muss sich in dieser neuen Kultur *rechtfertigen* können – sei es eine gesellschaftliche Einrichtung, ein Gesetz, eine Sitte, oder eine bestimmte Handlung. Jedes Einzelne muss also eine *Rationalität* aufweisen können, eine Erklärung seines Zwecks und eine Darlegung seiner Funktionsweise. Dem Bildersturm der Reformation und Aufklärung folgt die Bestandsaufnahme: Ohne ein allgemein geteiltes, sinnstiftendes Gesamtbild der Welt und der Rolle des Menschen in ihr bleibt uns nur die Rechtfertigung klar umgrenzter Zwecke, um Ordnung zu stiften.

Die regelmäßige (also institutionelle) Erfüllung dieser ganz bestimmten Zwecke nutzt unserer Gesellschaft in genau bestimmter Weise, und *nur* das rechtfertigt die Autorität, die den handelnden Personen zugestanden wird. Hier liegt der tiefere, der zugleich historische und logische Grund für das Aufkommen der modernen Institutionen, in deren Arbeitswelten wir uns wiederfinden.

Unsere wesentliche geistige Fähigkeit und Gewohnheit, geradezu der Normalfall unseres Denkens, ist deshalb das Fragen nach dem Zweck und der Funktionsweise der Dinge oder Sachverhalte geworden, die uns begegnen. Es scheint stets unmittelbar am informativsten zu sein, sich nach dem Zweck einer Handlung, einer Einrichtung, sogar einer Bemerkung oder Frage zu erkundigen. Auch unterhalten wir uns eingangs einer neuen Bekanntschaft am ehesten über den Beruf, die Funktion eines neuen Bekannten.

Diese allgemeine Gedankenrichtung zieht auch die Ergebnisse unseres Nachdenkens und künstlerischen Schaffens sofort in ihren Bann. Wir fragen, wozu Kunst und Philosophie eigentlich gut seien und bemerken so nicht, dass wir ohne Kunst und Philosophie gar nicht wüssten, was als für uns gut oder schlecht überhaupt in Frage kommt. Kunstwerke und philosophisches Nachdenken allein führen uns über das Gegebene und Gewohnte hinaus und versetzen uns in die Lage, uns nach dem Besseren und Schöneren zu sehnen und es zu verfolgen. Im Alltag der industrialisierten Welt aber wird die Frage, wofür eigentlich *die besten Gründe* sprechen, zugunsten der Frage vernachlässigt, wofür es bereits *etablierte, akzeptierte, durch Macht gestützte* Gründe gibt.

Das für die Zeit nach der Aufklärung unerlässliche Zweckdenken birgt immer die Gefahr, die kritischen und kreativen Potentiale des Nachdenkens abzuschneiden und uns zu gut ausgebildeten Idioten zu machen – zu Menschen, die aus ihrer angewöhnten Perspektive auf sich selbst und die Dinge nicht heraus können, weil sie das kritische Fragen nicht gelernt oder verlernt haben. Die verschwindend kleinen Studentenzahlen der Geisteswissenschaften in den stark industrialisierten Ländern belegen dieses mit der Muttermilch eingesogene Desinteresse am Befragen und Infragestellen des Gegebenen und den allgemeinen Eifer, nur schnell mitmachen zu können.

Die wichtigste Frage, die uns als heranreifenden Idioten aufgetragen wird, ist die nach der Funktion, die wir selbst einmal zu erfüllen gedenken. In den Worten Friedrich Nietzsches, der das deutsche Bildungswesen im späten 19. Jahrhundert beschreibt: »Überall herrscht eine unanständige Hast, wie als ob etwas versäumt wäre, wenn der junge Mann mit 23 Jahren noch nicht »fertig« ist, noch nicht Antwort weiß auf die »Hauptfrage«: welchen Beruf?«

Arbeitswelt statt Wirklichkeit

Wir werden von klein auf zu Entdeckern von Arbeitswelten ausgebildet und wachsen mit dem Grundverständnis auf, einmal in einer von ihnen siedeln zu müssen – um nichts Geringeres daraus zu ziehen als unseren »Lebensunterhalt«. Dieser Ausdruck macht klar, dass wir es mit der ernstesten aller Anforderungen an uns zu tun haben, mit einer »lebensernsten Option« (Thomas Mann). Wir können in der funktionsteiligen Gesellschaft unsere ganze Lebensspanne damit ausfüllen, uns eine Arbeitswelt nach der anderen mit ihrer jeweiligen Rationalität zu erschließen. Jemand wechselt von einer Funktion in die andere und sagt: »Ich mache jetzt etwas anderes.« Aber in Wahrheit tut er einfach das Gleiche in anderer Richtung; er spielt die Muster rationalen Denkens und Tuns eben nach Maßgabe eines anderen leitenden Zweckes ab.

Unser Dasein kann, mit etwas Willen zur klärenden Übertreibung, regelrecht als ein Durchlauf durch eng konzentrierte, monomanische Arbeitswelten betrachtet werden. Jede von diesen Arbeitswelten weist einen natürlichen Zug zur »Verlangeweilung« auf. Einerseits sind wir Bittsteller in unseren Institutionen – wir suchen sie auf, um sie für das jeweilig Einzige in Anspruch zu nehmen, das sie vermögen und um dessentwillen sie da sind. Wir treten in ihre Gebäude, nur Eines erwartend und deshalb gelangweilt und im Duldermodus, und wir treffen dort auf Menschen, die nur Eines zu tun haben, die nur einem Geschäft verschrieben sind, die also professionell sind – und die deshalb ebenso gelangweilt und im Duldermodus auf ihren Posten unserer harren.

Andererseits sind wir selbst Funktionäre in einer oder mehrerer dieser Institutionen und leisten ihren Kunden oder Bittstellern den Dienst, um dessentwillen wir dort angestellt sind. An der Haltung, mit der uns Mitarbeiter an ihrem Arbeitsplatz begegnen, können wir sehen, wie sie die Sinnarmut ihrer Alltagsverrichtungen menschlich verkraftet haben. Was hier die Normalität ist, wird daran deutlich, dass die allermeisten Stellenanzeigen explizit »Engagement«, also ungefragt entwickelte Eigeninitiative einfordern. Offenbar kann das niemand vernünftigerweise einfach voraussetzen, weil die Faszination an der vorgesehenen Tätigkeit ohnehin dazu anreizen würde.

Verdrängung des Wirklichen

Was grundlegend ist, kann nicht offensichtlich sein; wir bemerken es nicht und leiden einfach daran: Spezialisierung ist eine Grundkoordinate unserer Wirklichkeit und eine Gefahr für unsere Lebendigkeit. Aus unseren steten Anpassungen an Arbeitswelten, aus diesem Durchgang durch Institutionen und den nebenher vielleicht unternommenen Sinngebungs- und Kompensationsübungen bildet sich nicht schon automatisch ein Leben für uns. Wir überarbeiten uns, sind »gestresst« und belohnen uns dann mit Zigaretten, Konsumgegenständen, einer erklärtermaßen zweckbefreiten (und deshalb subtil belastenden) Zeit des Urlaubs, mit Völlerei und Sex.

Das ist eine Reaktion auf unseren industriellen Alltag, der in jeder Rolle jeden Tag nur etwas ganz Bestimmtes erwartet, aber dies von niemand Bestimmtem, und d. h. *nicht wirklich von gerade uns:* Jeder ist ersetzbar. Wir existieren alle in gewissem Maße in einem Kreislauf von Abstumpfung durch sinnbeschränkte Arbeit und momentanem Trost, der uns weitermachen lässt und unsere Hoffnungen nicht selten einfach auf die nächste Pause richtet.

Zu leben bedeutet aber, im Lichte seiner Erfahrung an sich selbst arbeiten. Leben verlangt Nachdenken. Bei den steten Anpassungsleistungen, die unser Dasein zeitlich weitgehend ausfüllen, kommen wir aber mit einfachem Denken und einfachem Tun aus. Uns werden Verhaltensnormen und Routinen zur Befolgung angeboten, die dem Zweck der Institution entsprechen, in der wir uns gerade befinden. Wir können funktionieren und müssen nicht als moralische Personen nachdenken und handeln, wir können »einfach machen«. Anders gesagt: Wir können *rational arbeiten* und müssen nicht *vernünftig handeln*.

Das ist die Dynamik unserer Gegenwart, die uns von Bau und Pflege unseres Selbst, von der nachdenklichen Verarbeitung unserer Erfahrung und vom steten Neuerzählen unseres persönlichen Weges abbringt. Realismus, verstanden als bewusste Bezogenheit auf die Wirklichkeit, ist nicht von uns gefordert; Vernunft, d. h. gründliches Einordnen und Bewerten unserer Erlebnisse und das bewusste Entwerfen einer guten Zukunft sind nicht gefordert. Es reicht für unseren Erfolg aus, sich von Tag zu Tag im Sinne der vorgegebenen Zwecke *rational* zu verhalten.

Die Vernunft der Aufklärung dagegen sucht das Bessere für den Menschen im Sinne eines allgemeinen Wohls. Im Zuge des Zusammentreffens der Ordnung des Ansehens mit der Industrialisierung wird diese aufklärende Vernunft durch ein Geflecht von unterschiedlichen Rationalitäten herausgefordert; dies ist der Vorgang der funktionalen Ausdifferenzierung der Gesellschaft, der die Moderne prägt: Jede Institution unserer Gesellschaft hat ihre Eigen-Rationalität, ihre besondere Zweckmäßigkeit.

Die optimierte Ausübung dieser Rationalität einer Institution verdrängt bei ihren Mitarbeitern und Führungskräften Überlegungen dazu, was dem Menschen im Allgemeinen (und nicht bloß dem Institutionszweck) dienen würde. Umgreifendes, auf das Ganze der Wirklichkeit ausgehendes Denken wird in jeder Rationalitäts-Sphäre, in jeder Arbeitswelt einer Institution, ausgeschlossen – so erscheint sie als ihre eigene Welt; sie ist aber bestenfalls eine Teilwelt, nicht die Wirklichkeit.

Die »Moral« des Erfolgs und die »Vernunft« der Professionalität einer Arbeitswelt sind deshalb eine Pseudo-Moral und eine Pseudo-Vernunft. Wer im Arbeitsleben über den von der Institution organisierten Erfolg und ihre spezielle Professionalität hinausgeht und nach der Wirklichkeit fragt – also nach dem Ineinander des eigenen Zweckes mit allen anderen und dem Ergebnis dieser Verschränkung –, der verlässt den Konsensraum der Diskussion.

Die Frage nach der Wirklichkeit ist innerhalb einer Institution exotisch und wird allenfalls einem Narren als erfrischender Spaß zugestanden; wer hier insistiert, ist über kurz oder lang draußen. Moralisches Handeln, das den Institutionszweck auch nur maßvoll zurückstellt oder ihn gar den eigenen Wertvorstellungen unterordnet, ist »unprofessionell«. Man ist nie mehr als eine Frage weit von der Begegnung mit dem herrschenden Prinzip entfernt. Auch ich habe in meinem Arbeitsalltag fast nie insistiert.

In diesem Sinne trennt uns die Industriegesellschaft von der Wirklichkeit und belohnt unsere Abwendung von ihr. Das fast restlose Aufgehen unserer Tätigkeit und unseres Denkens in Arbeitswelten bringt die Wirklichkeit zum Verschwinden. Wir sprachen zuvor von den beiden gedanklichen »Klammern«, mit denen wir im Leben Sinn für uns herstellen und festhalten – von den Ideen der Wirklichkeit und des Selbst. Die erste Klammer wird von der Industriegesellschaft also gelöst: Denn die Wirklichkeit ist nirgends Thema und in jeder Institution »sachfremd«; ihren Betriebszweck im Gesamtzusammenhang der Wirklichkeit reflektieren zu wollen, ist »unprofessionell«.

Die Klammer des Selbst jedoch ist nicht völlig zu lösen. Darin liegt die Aussicht, in der Industriegesellschaft Mensch bleiben zu können. Individuell und in kleinen Gruppen ist Besinnung immer möglich. Aber die unser Selbst erhaltende Erzählung darüber, was unsere Erfahrung für unsere Vergangenheit und unseren Weg in die Zukunft bedeutet, wird vom steten Erwartungsraten in unseren Sozialbeziehungen erschwert. Der Druck zur Professionalisierung, der mit der globalen Verteilung und Vernetzung der Wertschöpfung und damit des Wettbewerbs einhergeht, verschärft dieses Problem weiter.

Rationalität und Vernunft

Gehen wir dem Unterschied von Rationalität und Vernunft weiter nach; dann wird die ganze Tragweite der Realitäts-Entfernung deutlich, die unser institutionalisiertes Leben mit sich bringt. Rationalität und Vernunft sind keine statischen, starren Gebilde oder bloß abstrakte Konzepte. Sie sind geistige Möglichkeiten, d. h. etwas, das wir durch eine bewusste Handhabung unserer Aufmerksamkeit gedanklich »veranstalten« können. Rationales und vernünftiges Verhalten folgt jeweils bestimmten Wertvorstellungen, einem ganz bestimmten Ethos.

Rationalität ist die gehorsame Verfolgung vorgegebener Zwecke, die uns Erfolg verspricht. Vernunft ist die bewusste Auswahl *und* Verfolgung von Zwecken, die wir für die richtigen halten. Vernünftiges Handeln verspricht deshalb gerade keinen Erfolg, sondern Konflikt. Denn es bedeutet meinen zumindest momentanen Ausstieg aus den vorgegebenen Strukturen – den Bruch der Loyalität zu den Institutionen, deren Teil ich bin, und möglicherweise sogar den Bruch der Loyalität zu meiner sozialen Gruppe. Wer vernünftig ist, hat nachgedacht und weiß zu sagen, wofür er sich verwenden will. Wer sich einfach rational verhält, braucht diese Frage niemals zu stellen.

Rationalität ist die möglichst sparsame und konsequente Anwendung von geeigneten Mitteln, um einen feststehenden Zweck zu verwirklichen. Dieser Zweck selbst steht beim rationalen Tun nicht in Frage. Jemand kann sich rational verhalten, ohne ein eigenes Urteil darüber zu haben, ob der Zweck, dem er dient, ein guter oder ein verwerflicher Zweck ist. Rationalität ist der Betriebsmodus unserer Arbeitswelten, der Institutionen. Wir sprechen auch so, etwa wenn wir die Rationalität des Schuldenmachens oder die Rationalität eines Geschäftsmodells erklären.

Vernunft hingegen ist etwas mehr als Rationalität. Wir sind vernünftig, wenn wir die uns angebotenen Zwecke in ihren weiteren Kontext stellen und fragen, ob sie berechtigte Zwecke sind, ob sie die *richtigen* Zwecke sind. Vernünftiges Nachdenken beantwortet die Frage, was für uns Menschen *tatsächlich und nicht nur anscheinend* von Wert ist und wofür es sich deshalb zu kämpfen lohnt. Unsere bewussten oder unbewusst unterhaltenen Wertvorstellungen sind der Maßstab, den wir im Prozess der Kritik (d.h. der bewussten Unterscheidung) an die Zweckvorschläge anlegen, die unsere Gesellschaft uns für unser Leben unterbreitet.

Wir sagen z. B. von jemandem, der die nötigen Vorleistungen seiner nächsten Beförderung im Betrieb strikt durcharbeitet, er verhalte sich rational. Dagegen nennen wir jemanden vernünftig, der die Alternative von Beförderung oder Elternzeit mit seiner Familie bespricht und Faktoren wie Zeit mit der Familie, Kindererziehung, Einkommen, Vorlieben der Familienmitglieder usw. bei seiner Entscheidung gegeneinander abwägt.

Arbeitswelt statt Wirklichkeit

Ernst Cassirer nennt »Vernunft« in diesem Sinne einen »Begriff nicht von einem Sein, sondern von einem Tun«: »Ihre wichtigste Funktion besteht in ihrer Kraft zu binden und zu lösen.« (Die Formulierung vom »Binden und Lösen« ist nicht zufällig; Cassirer wählt sie wegen ihrer Wortgleichheit mit der katholischen Doktrin, nach der nur ein geweihter Priester der katholischen Kirche auf Erden diese Befugnis habe.) Bindung und Auflösung, so führt Cassirer weiter aus, leiste die Vernunft im Wege einer zweifachen Bewegung. Im ersten Schritt löst sie das Gegebene in seine Bestandteile auf, egal ob es sich um Traditionen, Konventionen oder angeblich göttliche Offenbarungen handelt. Diesen Vorgang würden wir heute als Analyse bezeichnen.

Die entscheidende Leistung der Vernunft ist seines Erachtens erst der zweite Schritt, in dem die Elemente, auf die wir in unserer Analyse gekommen sind, *nach eigener Regel* neu verbunden und möglicherweise gekürzt oder ergänzt werden. Nach dem Auseinandernehmen, der Analyse, folgt das neue Zusammensetzen, die Synthese. Die eigene Regel, nach der wir die Ergebnisse unserer Analyse sichten, ordnen, verwerfen oder annehmen und sie in einen dann *eigenen* Gedanken überführen – diese Regel sehe ich als Ausdruck unseres Selbst. Nichts charakterisiert einen Menschen so klar wie die Gedanken, die er sich macht. Vernünftiges Nachdenken bringt unsere Wertvorstellungen zur Geltung. Es begründet unsere Präsenz in der Welt als moralische Personen, d. h. als potentielle Stifter einer besseren Wirklichkeit.

Das Selbst des Menschen ist die Vernunft seines Lebens. Die Sünde wider die Vernunft liegt in der Vernachlässigung des Selbst zugunsten der Arbeitswelten, in denen wir bestehen müssen. Als moralische Person gehen wir niemals völlig in den Arbeitswelten auf, in denen wir gerade durch Schulpflicht, Wehrpflicht, Erwerbstätigkeit oder Zufall stecken mögen: Wir können die von uns verfolgten Ziele bewerten und wo nötig verwerfen, weil wir es verstehen, nach dem Guten zu fragen und unsere Zwecke daran zu messen. In diesem Sinne sind wir immer über unsere Arbeitswelten hinaus – wir sind ihnen geistig überlegen, wenn wir darauf Wert legen.

In der Wirklichkeit leben

Die Übung des vernünftigen Urteils ist Philosophie, ist die ureigene Tätigkeit der moralischen Person, die unser Selbst formt und im Verlauf der Zeit gestaltet. Soweit wir vernünftig nachdenken und handeln, üben wir unseren Vorbehalt gegenüber dem Denken und Tun in der Welt aus, den wir im zweiten Kapitel als den Kern der Moralität bezeichnet haben. Im vernünftigen Nachdenken hält die integre moralische Person ihre eigene Zukunft und die Zukunft der Gesellschaft offen. Dank unserer Fähigkeit zu vernünftigem Nachdenken können die Dinge anders werden, als sie gerade sind, weil wir mit dem Wirklichen in bewusster Fühlung bleiben.

Die Wirklichkeit ist, was alle Teile durch ihre gegenseitigen Verhältnisse hervorbringen – was im Ganzen aus dem entsteht, was im Einzelnen verfolgt wird. Die Realität ist deshalb verschiedenen Menschen in unterschiedlichem Grad und niemandem je völlig bekannt. Aber sie ist der Erkundung zugänglich. Bildung ist deshalb keine Frage von Belesenheit oder Intelligenz. Sie bemisst sich nach dem Willen eines Menschen, die Dinge in ihrem Zusammenhang und als ein Ganzes zu betrachten; das Maß der Beschränktheit ist der Unwille dazu. Unser Kampf gegen die völlige Durchformung unseres Daseins durch die Arbeitswelten ist so gesehen unser Ringen darum, keine Idioten zu sein. (Die Abwesenheit eines solchen Ringens belegt, dass jemand ein Idiot ist.)

Das Wirkliche zu verstehen verlangt ein Gewebe von Erwägungen, die sich gegenseitig stützen und bereichern. Dieses Gewebe darf nicht statisch sein, sondern es muss stetig neue Fragen und neue Erfahrungen in sich aufnehmen, um lebendig zu bleiben. Wir verstehen uns selbst im Lebensprozess, indem wir unsere Geschichte neu erzählen und durch neue Einsichten und neue Erfahrung weiterentwickeln. In diesem Prozess fällen wir auch die Werturteile darüber, was unsere Mühe wirklich lohnt, und geben unserem Leben so seine Richtung. Genauso, nur kollektiv, bestimmen freie Gesellschaften wie die meisten westeuropäischen Demokratien ihre Identität in ihrem politischen Prozess; und durch unterschiedliche Arten der Vereitelung genau dieses Prozesses sichern korrupte Oligarchien wie Russland, China, Brasilien und die Vereinigten Staaten von Amerika die Herrschaft ihrer Oberschicht.

Ein Freund erklärte mir einmal, es sei die Bestimmung eines Unternehmens (»corporation«) »to do things better« – also stetig schon Bekanntes noch effizienter auszuführen. So werde mit dem aktuellen Geschäftsmodell Geld verdient. Im Leben hingegen komme es darauf an »to do better things« – also zu entscheiden, was noch besser wäre, und das zu verfolgen. Er hat recht: Um das Bestehende möglichst effizient zu nutzen, ist die vollkommene Abwendung von unberechenbaren Momenten wie neuer Erfahrung oder unerwarteten Einsichten geradezu notwendig. Man muss sich vollkommen auf die Faktoren konzentrieren, die den schon bekannten Zweck zu erreichen erlauben. »You can't manage what you can't measure« ist Management-Jargon für diesen Willen zur Vereinfachung und Konzentration auf berechenbare Stellgrößen.

Die unterschiedlichen Rationalitäten, die in unseren Arbeitswelten herrschen, sind pragmatisch und nicht realistisch; sie wollen ein bestimmtes Ergebnis, nicht ein gut geordnetes Ganzes. Die Rationalität einer Arbeitswelt, z. B. der des Militärs, ist nicht auf die Realität bezogen. Ihr geht es *nicht* darum, mit Blick auf das gesellschaftliche Ganze zu entscheiden, ob die Zwecke des Militärs, Kriegsvorbereitung und (sofern befohlen) auch Krieg, überhaupt verfolgt werden dürfen, und ggf. in welchem Umfang und mit welcher Priorität. Es geht in keiner Institution um vernünftiges Nachdenken.

Es geht in der pragmatischen Rationalität einer Institution im Gegenteil darum, das Bestimmte, auf das die Institution allein ausgerichtet ist, möglichst zum alleinigen Maß des Geschehens zu machen. Jede Institution entfaltet, einmal etabliert, diese Dynamik in ihrer sozialen Umgebung. Deswegen warnte Dwight D. Eisenhower bei seiner Abschiedsansprache als US-Präsident davor, dass der für den Kalten Krieg aufgebaute »militärisch-industrielle Komplex« drohe, einen illegitimen, dominanten Einfluss auf die amerikanische Politik zu gewinnen.

Er kannte die Tendenz zweckorientierter Institutionen, ihr jeweiliges Ziel gegen einordnende und erweiternde Erwägungen abzuschirmen, um ihre Existenz abzusichern und ihren Einfluss zu maximieren. Es geht der pragmatischen Rationalität jeder Institution um einfaches, schematisch ausgebildetes Denken. Pragmatik ist der Vorsatz, die Realität und vernünftige Überlegung außer Acht zu lassen, um das Gewollte zu erreichen.

Vernunft hingegen will auf das Ganze, das *richtig gestaltete* Ganze hinaus: für uns selbst auf ein gelingendes Leben, für unsere Gesellschaft auf Gerechtigkeit, und für den Planeten auf Frieden und ökologisches Gleichgewicht. Rationalität will nur den gegebenen Zweck, nötigenfalls auf Kosten anderer Zwecke und in offener Konkurrenz zu ihnen. Das Selbst, die Gesellschaft und die Erde, die *Wirklichkeit* also, ist Gegenstand der Vernunft; Funktion und Institution, die *Arbeitswelten* also, sind Gegenstand der Rationalität. Unsere Sorge um uns selbst, unsere Gesellschaft und um unseren Planeten ist unsere Sorge um das Wirkliche – um das, was unser eigenes Geschick und das Geschick unserer Gemeinschaft tatsächlich bestimmt. Wir sind in der Welt, wir sind Realisten, wir sind am Leben nur, insoweit wir uns darum kümmern.

Unsere Sorge um unsere Funktion und die Institution, in der wir tätig sind, ist nicht auf die Wirklichkeit bezogen, sondern auf eine Teilwelt. Wir sind Pragmatiker und gerade nicht Realisten, insoweit wir uns damit befassen. Daraus ergibt sich, dass wir gemeinsam als Funktionäre von Institutionen die Wirklichkeit der industrialisierten Welt erzeugen und sie dabei füreinander zugleich dunkel, wenn nicht gar vollkommen unkenntlich machen. Eine entschiedene Arbeit der Aufklärung über sich selbst und die wirkenden Mächte unserer Gegenwart ist nötig, um diesen Schleier zu lüften. Das dazu nötige Lernen und Nachdenken muss einem verplanten Alltag abgetrotzt werden. Und zudem unterliegt die große Mehrheit einem starken Anreiz, diese Arbeit nicht zu leisten – denn für Intellektualität werden die Leute nicht bezahlt, sondern fürs »einfach machen«.

Unsere aktuelle, auf Ansehen und Status fixierte Lebenspraxis und ihre Leitgedanken erzeugen eine Atmosphäre, die unser Nachdenken und deshalb unsere Moralität wenig anspricht und selten herausfordert. Unser Tun als Funktionäre der Industriegesellschaft erzeugt böse Wirkungen und verbirgt diese Wirkungen zugleich vor uns; individuell bewohnte Arbeitswelten verdecken uns die gemeinsame Wirklichkeit. Die Ordnung des Ansehens und ihre Kopplung an die neuen Kirchen, die zweckgebundenen Institutionen, führten uns in einen Zustand moralischer Reizarmut. Funktionieren fällt uns leicht, nach eigenem Sinn leben fällt uns schwer.

7. Professionalität und Führung des »Humankapitals«

Die Einordnung in die Arbeitswelt bietet Entlastung von unserer Selbstunsicherheit und Ortlosigkeit. Rationale Arbeit und ein dazugehöriger Kult von Professionalität und Erfolg werden uns als Ordnungsmuster für das ganze Leben angeboten – als Erlösung im Erfolg. Realitätsnah und einleuchtend erscheint dieses Angebot aufgrund der üblichen Desorientierung eines Menschen, der in der Ordnung des Ansehens zu funktionieren gelernt hat.

Wir sind von Grund auf daran gewöhnt, mit banger Aufmerksamkeit die vermutlichen Erwartungen der Anderen zu bedenken, und wir verunsichern uns selbst damit andauernd. Wie eine Fledermaus den Antworten ihres Sonars entsprechend hierhin oder dorthin steuert, vermeiden wir mittels einer lange eingeübten Sozialdisziplin Zusammenstöße und Chaos so gut es geht. Wer in dieser Praxis flink und trittsicher geworden ist, mag aus dieser Tüchtigkeit kleine Triumphe des Alltags ziehen; das bedeutet aber nicht, dass er seine Desorientierung überwunden hat. Es heißt nur, dass er seinen Konformismus mit einem Lächeln übt und sich selbst gelegentlich auf die Schulter klopft.

Ein Gefühl der Geborgenheit und Beruhigung finden die meisten erst in der offiziell garantierten Erwartungssicherheit der Institutionen, die uns als pragmatische Funktionäre benötigen. In unserer Rolle als Funktionär aber, d. h. aus der Innenperspektive jeder Arbeitswelt, bleibt uns die Wirklichkeit verborgen. Die Industriegesellschaft ist durch diese Art des Aufwachsens ihrer Mitglieder und die damit verbundene Prägung ihrer Mentalität selbstblind oder zumindest von ihrer Selbsterkenntnis abgelenkt – ebenso wie die einzelnen Ziehkinder der Ordnung von Status und Ansehen je für sich von der Arbeit an sich selbst im Lichte ihrer Erfahrung, d.h. vom Leben, abgelenkt sind.

Das ist die Gegenwart, unser soziales Spiel- und Minenfeld. In ihrem Koordinatensystem müssen wir unseren Lebensweg finden, *der nicht einfach eine Laufbahn der Arbeitswelt sein darf.* Das sagt sich leicht daher und ist an diesem Punkt auch vermessen: Woher weiß ich zu sagen, was als Lebensinhalt ausreicht und was nicht? Nach welchem Maßstab bemesse ich das, und warum sollte man diesen Maßstab akzeptieren? Nach der Gegenwartsdiagnose gehen wir in diesem Abschnitt noch zwei gedankliche Schritte, mit denen wir uns in die Lage bringen, im Abschlusskapitel die fällige Antwort auf die Frage »Was nun?« zu geben.

Im ersten Schritt beleuchten wir das schwierige Verhältnis von Professionalität und Führung in unseren Arbeitswelten. Dieser Schwerpunkt hat einen bestimmten philosophischen Vorteil: Professionalität wird als Betriebsdisziplin unserer Institution *von uns allen* erwartet. Und *wir alle* sind Subjekte oder Objekte, Handelnde oder Behandelte, der Führungsarbeit. Auf allen Ebenen *unter* dem Chefposten einer Behörde oder Firma ist eine Leitungsperson sogar Subjekt *und* Objekt von Führungshandeln zugleich; man ist Chef und hat einen Chef. Wenn wir uns auf Professionalität und Führung konzentrieren, können wir also über *uns alle* sprechen und über die Umgangslogik und Atmosphäre, in der wir tatsächlich weite Zeitstrecken unseres Alltags miteinander verbringen. Und (mit der gebotenen Vorsicht) über *uns alle* zu sprechen ist ja der Anspruch und die Aufgabe einer Philosophie, die fürs Leben hilfreich sein will.

Professionalität und Führung des »Humankapitals«

Zudem unterliegen moderne Institutionen noch einem Dilemma, welches das Begriffspaar von Professionalität und Führung noch stärker mit Bedeutung auflädt. Denn Institutionen brauchen Professionalität *und* Führung, und die eine Kraft wirkt ihrer Natur nach der anderen entgegen. Institutionen brauchen einen stabilen, regelmäßigen Betrieb und eine klare, arbeitsteilige Disziplin, um ihr Tagesgeschäft zu bewältigen. Es muss damit im Betrieb ein Element von praktisch blindem Gehorsam geben, damit das Erforderliche nicht täglich neu verhandelt werden muss. Diese Disziplin des Tagesgeschäfts, des Normalbetriebs, heißt »Professionalität«.

Sie wird in unseren Verwaltungen und Betrieben als Quasimoral gepredigt, gelehrt und praktiziert, denn sie garantiert das Funktionieren des Systems. Und die Früchte dieses Systems sind in vieler Hinsicht unverzichtbar und wünschenswert. Genauso benötigen unsere Institutionen aber qualifizierte Führung, die diese Gehorsamsordnung der Professionalität immer wieder aufbrechen und neuen Gegebenheiten anpassen kann. Der Betrieb muss sich selbst stören und reformieren können, um den steten Wandel seiner Umwelt zu überleben. Wir werden Professionalität und Führung kritisch analysieren, aber ihre Notwendigkeit wird damit nicht in Frage gestellt. Entscheidend ist für den Gedankengang dieses Buchs, dass das Zusammenspiel dieser beiden Faktoren eine Alltagserfahrung gehemmter und verzerrter Menschlichkeit erzeugt.

Und diese charakteristische Alltagserfahrung in unseren Arbeitswelten ist es, die am Schluss zum zweiten Hauptpunkt der Überlegung dieses Kapitels führt – denn sie erzeugt eine gewaltige Nachfrage nach der völligen Abschaffung eigenständigen Nachdenkens. Daraus ergibt sich eine ebenso gewaltige Nachfrage nach einer Entlastungs-Theorie, die unsere sittliche Selbstaufgabe zu rechtfertigen scheint: Die Industriegesellschaft, insbesondere ihre »Offiziere« aller Ränge, benötigen ein intellektuelles Alibi für ihre vollkommene und immens einflussreiche Gleichgültigkeit in einer offensichtlich ungerechten Welt. Dieses Alibi bietet nur die Pseudophilosophie des moralischen Relativismus, in der wir uns folgerichtigerweise auch mehrheitlich eingerichtet haben – und sei es unbewusst.

Professionalität als befreiender Gehorsam

Es ist durchgängig als Lob zu verstehen, wenn jemandem in den Arbeitswelten Professionalität attestiert wird. Sie ist die erlernte Fähigkeit, sich ganz auf ein Gewerbe, auf eine Funktion einzulassen und andere, dem Menschen in anderer Hinsicht bedeutsame Regungen und Erwägungen bei der Arbeit – jedenfalls der Idee und der Tendenz des Verhaltens nach – außer Acht zu lassen. Der Professionelle behandelt sich selbst und die anderen als »Humankapital«, als einen Faktor des Produktionsprozesses. Das muss immer ein unbehagliches, prekäres Unterfangen bleiben, egal wie sehr man darin geübt wird.

Denn man selbst und die Menschen, mit denen man umgeht, bleiben tatsächlich immer volle moralische Personen mit eigener Würde; sie sind nicht »Humankapital«. Wir werden in der Industriegesellschaft durch eine bewusste Verkehrung der Tatsachen als etwas behandelt, was wir nicht sind. Professionalität produziert deshalb verzerrte Menschlichkeit – eine gehemmte, auf starre Muster reduzierte Form des zwischenmenschlichen Umgangs. Ein Kennzeichen dieses Umgangs ist seine planvolle Gedankenlosigkeit.

Sie zeigt sich daran, dass professionelle Betrachter die *Fraglosigkeit des Vollzuges* der betrieblichen Arbeiten erwarten. (In dem Sinne, dass tatsächlich keine Fragen gestellt werden und einfach etwas Bestimmtes getan wird – wohlgemerkt *nicht* in dem Sinne, dass Professionelle aller Berufe keine Fragen *hätten*.) Achten wir einmal darauf, wann und wie ein empfundener *Mangel* an Professionalität kritisiert wird, um diesen Zug klarer zu sehen. Es geschieht immer im Nachhinein einer beobachteten Verhaltensweise, und dann meistens im Ton der endgültigen Feststellung: »Das war völlig unprofessionell!« Man geht unter Professionellen davon aus, der andere hätte es im Vorhinein der betrachteten Situation besser wissen müssen.

Es gibt da nichts zu fragen, und der Gestus der Kritik ist dementsprechend, dass man beim Delinquenten von seiner Unkenntnis einer offensichtlichen Anforderung »überrascht« ist. Dieser Gestus ist auch nicht unplausibel im Betrieb: denn Dienstvorschriften und Ausführungsbestimmungen in der Verwaltung, Prozess- und Stellenbeschreibungen, Compliance-Leitlinien und Unternehmenswerte sind ja *erklärtermaßen* dazu da, das operative Vorgehen von Unsicherheiten und Interpretationsspielräumen zu entlasten. Man *kann* sich also – der Logik und dem Selbstbild des Systems folgend jedenfalls – tatsächlich »wundern«, wenn jemand nicht weisungsgemäß und damit »unprofessionell« agiert. Deshalb ist dies die diplomatisch opportune Form der Klage darüber.

Üblich ist hingegen *nicht,* sich selbst und andere zu prüfen, welche Erwägungen wohl die üblichen betrieblichen Gründe diesmal ausgestochen haben könnten. Denn mit dieser Möglichkeit einer Überzeugung durch *bessere Gründe* rechnet man im Betrieb nicht. Darin zeigt sich die autoritäre Struktur der Situation: Sich professionell verhalten heißt, gewerblich und ausschließlich gewerblich zu kalkulieren, seine Schritte zu wägen und schließlich zu setzen. Wir sind dann rational, also dem Zweck des Geschäfts ergeben, und nicht vernünftig. Die vernünftige Frage, was wir zu tun die besten Gründe haben und deshalb tun *sollten*, steht im professionellen Betrieb nicht an.

Dort entscheiden und tun wir etwas mit Rücksicht auf den Betriebszweck, wie er uns von unseren Vorgesetzten vermittelt wird, aber wir fragen nicht, welche Gründe für und wider diesen Betriebszweck sprechen oder ihn in dieser oder jener Lage übertrumpfen könnten. Wir verhalten uns im Zweifel rational unvernünftig, obwohl wir vernünftige Wesen sind. In diesem Sinne ist Professionalität das Gegenteil von Menschlichkeit, sie ist die angelernte Gewerblichkeit, Beruflichkeit, »Maschinlichkeit« des Menschen – das Funktionärstum, das Handwerk des Funktionärs –, das Gegenteil des Handwerks des Lebens. Hannah Arendt bemerkte 1964 in einem Gespräch mit Joachim Fest in diesem Sinne, dass »die eigentliche Perversion des Handelns [...] das Funktionieren« ist.

Professionalität hat deshalb für nachdenkliche Menschen einen Beigeschmack von Falschheit und menschlichem Ungenügen. Professionell mitarbeitende und professionell führende Menschen erzeugen diese moralische Unannehmlichkeit unserer Institutionen miteinander füreinander. In der Kunst spiegelt sich diese Wahrnehmung einer unnatürlichen Vereinseitigung unserer selbst im Arbeitsleben in Parodien, Satiren und besonders in jenen Ausbruchsgeschichten, in denen Einzelne entgegen der Logik ihrer Rolle im Betrieb die Formulare beiseitelegen und einfach von Mensch zu Mensch Hilfe leisten. Diese Ausnahmen bestätigen die Regel fragloser Betriebsamkeit, und sie offenbaren die Sehnsucht, dass diese Ausnahmen doch die Regel werden mögen. Ein System charakterisiert sich selbst durch die Ausbruchs- und Überwindungsphantasien, die es erzeugt.

Was aber, so wird man angesichts des Abschnittstitels nun fragen, hat Professionalität dann mit »Befreiung« zu tun? Inwiefern ist der Gehorsam professionellen Arbeitens als »befreiend« zu verstehen? Hinter dem Kult um die Quasimoral »Professionalität« steckt eine konsequente Abgeklärtheit über die Erfordernisse des Betriebs – aber auch eine genauso konsequente Abgeklärtheit über die Bedürfnisse der arbeitenden Einzelnen. Dies zu durchdenken lässt auch den freiheitsdienlichen, humanen Aspekt der Professionalität hervortreten.

Ohne eine grundlegende Verengung der Perspektive und Disziplinierung unseres Empfindens kann die Industriegesellschaft nicht Bestand haben. Professionalität ist eine *Systemanforderung* dieser Gesellschaft – aber nicht nur zur Sicherung des Betriebs im Großen. Denn im Detail des Betriebs ist *jede* Funktion, die uns die Industriegesellschaft anbietet, im Prinzip gleich unverbunden mit der weiteren Lebensaussicht *jedes* Einzelnen, der sie vielleicht gerade ausübt. Es gibt somit (außer für wenige besonders inspirierte Menschen) keine zwingenden Gründe, eine bestimmte Funktion zu wählen. Von einer tief empfundenen Berufung oder einer inhaltlichen Faszination des Einzelnen mit Blick auf den Zweck und die Betriebsdetails einer bestimmten Institution darf man nicht ausgehen.

Deshalb *muss* gesellschaftlich betrachtet prinzipiell jedem jede mögliche Funktion zugänglich gemacht werden: Sonst wäre es generell nicht möglich, dem Betrieb die benötigten Funktionäre zu sichern. Genauso bedeutsam ist dabei aber der Blick auf den Einzelnen. Ohne »Funktionsflexibilität« und prinzipielle Durchlässigkeit der professionellen Ordnung hätten die nicht speziell inhaltlich inspirierten Arbeitnehmer Probleme, ein Auskommen zu finden. Die Industriegesellschaft als System hat diese allgemeine Austauschbarkeit der Funktionäre ebenso existenziell nötig wie der moderne Mensch als ihr Bewohner. Unsere Professionalität garantiert diese Austauschbarkeit und damit für uns ganz individuell auch einen gewissen Freiheitsspielraum beim Kampf um den Lebensunterhalt.

Die Industriegesellschaft verlangt Professionalität, damit sie überleben kann, und sie bietet uns dafür ein Auskommen. Es ist deshalb geradezu notwendig, dass Professionalität für eine Tugend gehalten und als solche propagiert wird. Dabei ist sie das genaue Gegenteil jeder Tugend. Denn eine Tugend ist der erfahrungsgemäße Weg zu einem wichtigen Gut des Lebens. Wer eine Tugend hat, der hat deshalb zumindest *einmal* selbst nachgedacht – als er sich entschied, dass eine bestimmte Haltung und Praxis es wert sei, erlernt und kultiviert zu werden, um ein bestimmtes Gut des Lebens zu erlangen.

Professionalität ist aber gezielte, bewusst geordnete Gedankenlosigkeit. Sie erfordert nicht Nachdenken, sondern nur Gehorsam gegenüber Vorgaben, und dementsprechend bringt sie keine Tugenden zustande, sondern nur Gewohnheiten. Was mancher irrig für die »Tugend« der Professionalität halten mag, ist in Wahrheit moralisch betrachtet nur die Beachtung einer Klugheitsregel: »Professionalisiere dich zumindest in *irgendeiner* Disziplin, sonst kann dein wirtschaftliches Auskommen leicht in Gefahr geraten!«

Die Gegenleistung des industriellen Systems dafür, dass wir rational unvernünftig, also professionell agieren, ist unsere *garantierte* Austauschbarkeit. Ein Funktionär einer Institution kann morgen der Funktionär einer anderen Institution sein. Ebenso kann man innerhalb einer Institution (und durchaus auch außerhalb des Rahmens seiner bisherigen Kenntnisse) andere Aufgaben übernehmen. Ein Spitzenmanager sagte mir einmal mit herzhaftem Lachen, er sei nun Marketingleiter, ohne doch je ein Produkt vertreten zu haben, und bald werde er eine IT-Abteilung übernehmen.

In einem solchen Umfeld hat der Einzelne allen Grund, danach zu streben, »für jeden Sattel gerecht« (Immanuel Kant) zu sein, jede Rolle erlernen zu können, andauernd biegsam und geschmeidig (»flexibel«) zu bleiben, »lebenslang zu lernen«, wie unsere Politiker gerne sagen. Das System hingegen *muss* die tatsächliche Austauschbarkeit Aller gegen Alle anstreben, um fortzubestehen.

Das Ideal der ökonomischen Chancengleichheit lässt sich nicht nur humanistisch begründen; es ist ein Ideal, das die Architektur und das Machtgleichgewicht des industriellen Systems aufrechterhält. Der politische Kampf um Teilhabemöglichkeiten, die Anti-Diskriminierungsgesetze und betrieblichen Programme gegen Benachteiligung dieser oder jener Gruppen, die Komplizierung der Sprache durch geschlechtsneutrale Ausdrücke und die Komplizierung des Alltags durch »neutralistisch« gesinnte Kleidervorschriften – all dies dient zugleich dem System *und* seinen Mitgliedern. Die fortschreitende Ausdifferenzierung des Minderheitenschutzes mit seinen vorsichtsbelasteten Rede- und Verhaltensweisen ist soziale Disziplinierung *und* individuelle Befreiung zugleich.

So wird die politische Diskussion von allgemeinen Problemen abgelenkt, deren sich ausbreitendes Verständnis den Gewinnern des aktuellen Betriebs unangenehm wäre – z. B. vom Problem der enorm angestiegenen Vermögens- und Einkommensungleichheit. Politiker und Aktivisten, die um »genderneutrale« Toilettenräume ringen und die Grammatik »diskriminierungsfrei« gestalten wollen, kommen den ökonomischen Machthabern der Industriegesellschaft derweil nicht mit Forderungen nach besserer Teilhabe aller am Wohlstand in die Quere.

»Es dominiert eine Vorstellung, in der soziale Gerechtigkeit im Wesentlichen gleichbedeutend ist mit Nichtdiskriminierung« (Walter Benn Michaels). Dass mehrere Millionen Menschen in Deutschland und anteilig noch mehr Personen in den Vereinigten Staaten mit dem Einkommen aus einer Vollzeittätigkeit nicht mehr auskömmlich leben können, scheint von diesem Standpunkt kaum als Gerechtigkeitsproblem. Obszöne, die demokratische Gleichheit untergrabende Ungleichverteilung des Wohlstandes wird nicht beanstandet, wenn sie nicht auf Diskriminierung einer irgendwie definierten Gruppe zurückzuführen ist.

Unstreitig verbessert diese Geisteshaltung der angestrengten politischen »Keimfreiheit« unserer Umgangsformen und Redeweisen aber die Chancen des Einzelnen, sein materielles Auskommen auch dann zu sichern, wenn keine bestimmten Interessen oder Leidenschaften seine Berufstätigkeit beseelen. Systematische Benachteiligung aufgrund meiner Zugehörigkeit zu bestimmten Bevölkerungsgruppen wird weniger wahrscheinlich, und das ist bedeutsam: Denn jeder muss sich »seinen Lebensunterhalt verdienen«. Das Recht, nicht diskriminiert zu werden, ist auch das Recht des Einzelnen auf eine, wenigstens *irgendeine* Professionalität. Man muss auf irgendeine Weise zum »Humankapital«, zum »Betriebsmittel« des Systems werden können, um zu überleben.

Insofern ist es konsequent, dass Mitarbeiter von Institutionen als Humankapital (»Human Resources«) ihres Betriebes, d. h. als Funktionäre und nicht einfach als Menschen gesehen und behandelt werden. Allerdings ist diese Betrachtungsweise ein klares, fundamentales Unrecht des industriellen Systems. Die ideologische Herabminderung des Menschen zu einem Betriebsmittel ist in Deutschland verfassungswidrig, denn sie widerspricht offenkundig dem Grundsatz »Die Würde des Menschen ist unantastbar«.

Professionalität und Führung des »Humankapitals«

Einen Menschen im Betrieb allen Ernstes als »Ressource« gebrauchen zu wollen, ist genauso würdewidrig wie ihn im Krieg als »menschliches Schutzschild« einzusetzen.

Dennoch ist der brutale Ausdruck »menschliche Ressource« in den Personalabteilungen unserer Firmen und Verwaltungen vollkommen akzeptiert. Verfassungsgerichtliche Klagen dagegen sind mir nicht bekannt; der Konsens (oder die Gedankenlosigkeit) scheint solide. Aber durchdenken wir das näher: Was könnte eine »menschliche Ressource« sein? Sind es nicht Menschen, die Ressourcen, also Mittel, für ihre Zwecke einsetzen? Wie könnte der Mensch selbst als »Ressource« dienen? Nun, sein Körper ließe sich als Betriebsmittel verwenden.

Das ist leider nicht lächerlich oder abwegig. Menschen sind im Rahmen der Sklaverei als Gegenstände gehandelt worden. Insbesondere in der frühen Phase der Industrialisierung in Europa wurden Arbeitskräfte regelrecht physisch verbraucht, und in Abstufungen geschieht das auch heute noch in den sogenannten »Billiglohnländern«. Seife ist aus menschlichen Knochen gemacht, menschliche Köpfe sind zu Trophäen geschrumpft und menschliche Haare als Wertstoff verwendet worden. Vor allem aber werden menschliche Körper nach wie vor im Krieg als Betriebsmittel imperialer Politik wie ein Material unter anderen eingesetzt.

Nehmen wir aber an, dass wir den Begriff »Human Resources« heute so nicht meinen. Sollen es aber nicht unsere Körper sein, die als »menschliche Betriebsmittel« dienen, so muss mit diesem Ausdruck das gemeint sein, was im menschlichen Körper wohnt. Es geht um die Fähigkeiten und Fertigkeiten von Menschen, die irgendwie in den Betriebsprozess eingebracht werden sollen. Das ist es, was »Human Resource«–Abteilungen und Führungskräfte zu ihrem Geschäft machen. Sie wollen Menschen nicht zerteilen und dann ihre Körperteile verarbeiten, sie wollen die Fähigkeiten und Fertigkeiten der Mitarbeiter ansprechen und sie dann zielgerichtet zum Einsatz bringen. (Auf psychologischer Ebene ist das allerdings analog zur Zerteilung und Verwertung des Körpers.)

Zu dieser Fähigkeiten- und Fertigkeitenwirtschaft gehört es auch, sie bei denen, die dazu tauglich erscheinen, planmäßig zu fördern und zu entwickeln. Psychologie und Gruppendynamik spielen dabei eine Rolle, ebenso wie organisatorische und planerische Fragestellungen. Es geht also in der Sicht der Industriegesellschaft auch beim Menschen um die Verwaltung und den Einsatz eines Betriebsmittels: »Human Resource Management«, die Ansprache und Steuerung menschlicher Fähigkeiten und Fertigkeiten.

Führung als Veränderungskunst

Die Führung von Mitarbeitern ist deshalb ein vielschichtiges Geschäft, das nicht jeder auszuüben versteht; Führungsarbeit ist nicht irgendeine Arbeit. Neben blindem Gehorsam (d.h. Professionalität) stellt sie eine von zwei Leistungen dar, ohne die eine Institution nicht überleben kann. Warum das so ist, wird auf einem kleinen Umweg über Charles Darwin deutlich. Darwin hat mit Blick auf den einzelnen Organismus seine Evolutionstheorie entwickelt: Neue Arten entstehen, weil manchmal einzelne Lebewesen kleine Abweichungen gegenüber ihrer Elterngeneration aufweisen. Diese Lebewesen haben es manchmal aufgrund ihrer kleinen Besonderheit leichter sich fortzupflanzen als ihre »normalen« Generationsgenossen. Das ist so, weil die Umwelt sich stetig wandelt und so neue Anpassungsnotwendigkeiten für die in ihr lebenden Arten erzeugt.

Professionalität und Führung des »Humankapitals«

Diese neuen Umweltanforderungen sind nun Gelegenheiten für »Abweichler«, sich durchzusetzen. Sinkt die Temperatur in einem Lebensraum, so haben solche Tiere, die zufällig mit etwas dickerem Fell als ihre Artgenossen geboren wurden, leicht verbesserte Überlebenschancen. Sie haben mit etwas höherer Wahrscheinlichkeit Nachwuchs als ihre Generationsgenossen ohne untypisch dickes Fell. (Das gilt bis heute und auch bei der Gattung Mensch.) So verstetigt sich diese kleine Abweichung in die nächste Generation hinein und wird mit der Zeit, über viele Generationen, vielleicht zur Eigenschaft einer neuen Art. Das Naturgeschehen ist nicht die Wiederholung des Gleichen, sondern die Ausprägung des Neuen. Es sind nur die Langsamkeit dieser steten Umwälzung aller Dinge und die Kürze unserer Lebensspanne, die uns darüber hinwegtäuschen können.

Institutionen wie Unternehmen und Verwaltungen sind keine Lebewesen, aber es gibt eine deutliche Parallele. Das Überleben einer Institution hängt davon ab, ob sie auf Veränderungen in ihrer Umwelt mit zweckmäßigen Anpassungen ihrer Arbeitsweise reagieren kann, die diesen Umweltveränderungen Rechnung tragen. Eine Firma zum Beispiel, die bei Karteikarten und Papierdokumenten verweilt, anstatt ihre Unterlagen zu digitalisieren und flexibel bearbeitbar zu machen, baut einen gefährlichen Kostennachteil gegenüber Mitbewerbern auf. Ihre Kunden werden diese Rückständigkeit nicht auf Dauer durch Bezahlen vergleichsweise höherer Preise kompensieren.

Eine Gesellschaft, die Umweltverschlechterungen wie dem Insektensterben oder dem Klimawandel tatenlos zusieht, handelt sich Folgeschäden ein, die irreparabel und verhängnisvoll für das eigene Überleben sein können. Führung ist die Arbeit, als notwendig erkannte Veränderungen herbeizuführen. Deshalb ist es aufschlussreich, sich Führung als eine Krisentätigkeit vorzustellen. Die Krise besteht immer darin, dass eine etablierte Arbeits- und Verfahrensweise veränderten Umweltbedingungen nicht mehr gerecht wird.

Dazu muss niemand Fehler gemacht haben, ganz im Gegenteil. Gewöhnlich haben einfach viele Leute lange Zeit im Sinne ihrer etablierten Professionalität »alles richtig gemacht« und so den Veränderungsbedarf übersehen. Wer nach einem vorgegebenen Muster oder Prozess seine Arbeit tut, *muss* die ihm begegnenden Aufgaben schließlich immer so betrachten, als ob sie in sein Muster oder in seinen Prozess passen. Denn das ist ja in aller Regel auch so. Wer gelernt hat, den Hammer zu schwingen, der sieht überall Nägel und wird den Schraubenzieher nicht von allein zücken. Täte er es doch, würde es als »unprofessionell« bestraft. Man hatte schließlich Gründe, ihm Hammer und Nägel zu geben; es schien zweckmäßig.

Die Führungskraft, die einen Veränderungsbedarf – also eine Krise der aktuellen Professionalität – erkannt hat, muss die Reaktion darauf anstoßen und organisieren. Denn Professionelle stoßen keine Veränderung an, sie machen immer weiter wie gewohnt. Vonnöten ist eine Veränderungskrise, in der eine Professionalität in eine andere, gewandelte überführt wird. Führung hat dabei ihr Tagesgeschäft, ihre ganz eigene Professionalität. Führen heißt, professionell die etablierte Professionalität durchbrechen und sie neu ordnen.

Die Funktionäre werden neu ausgerichtet, sie erlernen eine neue Arbeitsweise, damit der Betrieb einer veränderten Außenwelt genügt. Ist jemand Führungskraft, so ist er demnach auch Funktionär, aber ein besonderer: der Funktionär, dessen Funktion in der (Neu-)Ausrichtung von Funktionären besteht. Unsere Führungskraft ist somit der berufene

Reformator unserer Arbeitsumgebung. Sie hat die Aufgabe, uns gründlich zu beeinflussen.

Wer kann führen?

Wer aber führt? Es reicht nicht zu antworten: »Der Chef natürlich«; die formale Rolle einer Person in einer Organisation lässt keinen Rückschluss darauf zu, ob sie führt. Wer führen will, muss entweder genug Tiefe und Eigenwillen des Selbst besitzen, um auf andere Menschen einzugehen und sie zu verstehen. Oder er muss dies zumindest vortäuschen können, bis er in eine Führungsrolle befördert wird. Junge Leute in hohen Positionen gehören notgedrungen meist zu dieser letzteren Kategorie der Blender, denn Tiefe und Eigenwillen des Selbst entstehen mit der Zeit, mit intelligenter und auch demütiger Verarbeitung vielfältiger Erfahrungen. Sie entsteht nicht im Pflichtfach »Strategisches Management« des Studiums der Betriebswirtschaftslehre, und auch nur in bescheidenem Maß im Praktikums- und Ehrenamtsmarathon ambitionierter Lebenslauf-Optimierer.

Soweit man sie auswählt (und nicht einfach aufgrund von sachfremden Erwägungen wie Bekanntschaft, Seilschaft, Geschlecht oder Attraktivität nach vorne schiebt), werden Führungskräfte aufgrund ihrer scheinbaren Fähigkeit rekrutiert, angenehme menschliche Beziehungen mit den Mitarbeitern und ihren Ko-Führungskräften zu unterhalten. Ab der mittleren Führungsebene in einer Institution heißt der Auftrag nur noch: Vertrauen aufbauen nach rechts, links, oben und unten. Das ist deshalb konsequent, weil der Normalfall das Misstrauen ist, das Wettbewerb um knappe Güter (wie zum Beispiel Führungspositionen) notwendig hervorbringt. Vertrauensvolle Zusammenarbeit ist tatsächlich der wirkungsvollste Weg, die Anderen wann immer nötig im Sinne des Unternehmens einsetzen und ihr Tun und Denken ausrichten zu können.

Management ist das zielgerechte Verwalten einer Struktur aus Mitarbeitern und ihren klar geregelten Arbeitsprozessen; Führung dagegen ist *Ausrichtung* von Menschen, die die Führungskraft zu beherrschen hat. (Diese Unterscheidung ist nicht von mir, sondern taucht in unterschiedlichen Ausprägungen bei vielen Autoren der Managementliteratur auf.) Der Manager leitet an, der Anführer richtet aus; der eine stabilisiert Muster, der andere durchbricht Muster. In Krisensituationen Manager an der Spitze zu haben ist eine lebensbedrohliche Gefahr für jedes Unternehmen, jede Verwaltung, jedes Land. Manager brauchen Führung, sie üben sie in aller Regel nicht aus. Denn sie repräsentieren den Status quo, die etablierte Professionalität.

Das Ausrichten von Mitarbeitern und einer ganzen Organisation mit ihren Untergliederungen auf einen neuen Zweck ist beinahe eine Alchemie. Führungskräfte haben dazu Nachdenklichkeit nötig; man kann ganz ohne mystische Verklärung sagen, dass in der Person des Vorgesetzten das System über sich selbst nachdenkt: Um Einfluss nehmen zu können, *muss* die Führungskraft im Allgemeinen wissen wollen, wie das System funktioniert und wie es ihre Kollegen beeinflusst. Ohne diese Einsicht kann eine Leitungsperson selbst nicht navigieren und scheitert mit ihrem Führungshandeln schon, bevor sie es beginnen kann.

Denn jede Veränderungskrise hat nur scheinbar klar »sachliche« Aspekte einerseits und ebenso klar »menschliche« Aspekte andererseits. In Wahrheit können diese nicht klar voneinander geschieden werden. Sie bilden ein unordentliches, unkalkulierbares Ganzes, das sich in jedem Einzelfall nur durch intensive Anteilnahme an den äußeren Umständen und menschlichen Regungen in der konkreten

Situation teilweise aufklären lässt. Diese oder jene neue Technologie zum Beispiel muss aus zwingenden sachlichen Erwägungen nun eingeführt werden; manche etablierte Arbeitsweise wird damit abgeschafft oder durch neue Prozesse ersetzt. Menschlich gesehen bedeutet dies Stress, der klinisch gesehen nichts anderes ist als die körperliche und psychische Reaktion auf Veränderung.

Verängstigte, verunsicherte Menschen diskutieren also nun die angeblich »reinen Sachfragen« des Technologiewechsels und machen sie schon dadurch ebenso sehr zu psychologischen und gar gruppendynamischen Problemen. Und die sind oft sehr unangenehm zu behandeln – und werden deshalb von schwachen Führungskräften lieber gar nicht gesteuert, sondern nehmen chaotisch ihren Lauf. Ein hoher Anteil aller Veränderungsprozesse, vielleicht 70 %, scheitert regelmäßig genau daran.

Strategisches Nachdenken über alle interessierten Parteien, das bewusste Eingehen von Risiken und die ebenso bewusste Inkaufnahme von Reibungen und Konflikten spielen deshalb die entscheidende Rolle bei der Durchsetzung einer Veränderung. Ohne die Bereitschaft dazu lässt sich keine Führung ausüben. Intellektuell muss man wissen wollen, wie die konkreten Kollegen, die für eine Veränderung wichtig sind, beeinflussbar sind – und zwischenmenschlich muss man in der Lage sein, das auch tatsächlich herauszufinden.

Es geht nur bei oberflächlicher Betrachtung darum, sich in die Lage interessierter Parteien zu versetzen, um sie dann zu *manipulieren* – vielmehr gilt es zu begreifen, was aus ihrer Sicht jeweils rational ist, und wo möglich aufzuzeigen, dass die Vernünftigkeit des eigenen Vorhabens diese etablierten Zwecke mitdenkt und ihnen nicht mutwillig schadet. Kontaktfreude, Anteilnahme, Verständnis sozialer Dynamiken und überhaupt das ehrliche Interesse am Anderen werden plötzlich *als Werkzeuge der Führung* unerlässlich. Wird einem all dies von seiner Führungskraft freundlich entgegengebracht, so muss man deshalb wissen, dass es nicht allein der eigenen Liebenswürdigkeit wegen geschieht.

Der ganze Mensch, die ganze Persönlichkeit der Führungskraft ist bei der Anstiftung und Bewältigung von Veränderungskrisen gefordert. Es ist ein Geschäft, das, sofern es wirklich betrieben und nicht nur wohlfeil vorgetäuscht wird, kaum allgemeine Beliebtheit einträgt. Intellektuelle Schärfe, Fleiß und Durchsetzungsfähigkeit – also Eigenschaften, die oft und zu recht mit Führungsfähigkeit verbunden werden – bringen nur bis zu einem gewissen Punkt Karrierefortschritte ein.

Großartige Führungskräfte erkennt man daran, dass sie die Gelassenheit und Persönlichkeitsstärke haben, die zweckdienlichen Beiträge Anderer ihrer ganzen Tragweite entsprechend zur Geltung kommen zu lassen. Aber das ist nicht der Regelfall: Denn je höher in einer Organisation diejenigen sitzen, die über die nächste Beförderung zu befinden haben, desto mehr Statusangst haben sie in vielen Fällen selbst. Und desto schwerer fällt es ihnen, z. B. den richtungweisenden Ideen anderer den verdienten Raum zu geben, ohne sich selbst »erniedrigt« oder ihre eigene Position bedroht zu sehen.

Das Geheimnis der im hierarchischen Aufstieg erfolgreichsten Führungskräfte ist deshalb zumeist, dass sie gar nicht führen. Sie betreiben gerade *nicht* entschieden für notwendig erkannte Veränderungen. Sie machen sich stattdessen bei den aktuellen Machthabern beliebt und pflegen ihr Netzwerk. Die wirklich wirksamen Führungskräfte sind damit beschäftigt, das Establishment herauszufordern, und nicht damit, zu ihm zu stoßen.

Deswegen gelangen oft unwirksame Führungskräfte in obere Stellen; solche, die wenig Anstoß erregen, weil sie wenig in Frage stellen – und so kaum Stresshormone bei anderen freisetzen, weil sie wenig verändern. Schnelle Karrieren sind (außer durch Glück) oft durch Führungsversagen zu erklären, oder durch zynische Simulation entschiedenen Handelns bei stetem Kneifen vor schmerzlichen Entscheidungen im Detail.

Moralische Tücken der Veränderung

Veränderungen tatsächlich umzusetzen bedeutet, streckenweise in eine Art moralisches Zwielicht zu geraten, das die meisten Führungskräfte gar nicht betreten würden, könnten sie es nur vermeiden. Das intellektuelle Rüstzeug zu allen Arten von Winkelzügen muss die Führungskraft mitbringen. Ein Stratege – also ein vernünftig nachdenkender und damit zur Führungskraft geeigneter Mensch – kann in einer professionalisierten Welt nur jemand sein, der den geistig und seelisch einengenden Einfluss der Professionalität bei sich selbst und den anderen erkennen und sein Verhalten dann darauf einstellen kann.

Der Stratege darf der Berufskrankheit, der Professionalität, aber selbst nicht unterliegen. Die gute Führungskraft ist sich also der Scheuklappen bewusst, die Professionalität den Anderen und potentiell auch ihr selbst anlegt. Sie muss eine Sprache finden, die diese eingeschränkte Perspektive würdigt, ohne sie zu bestätigen. Nur auf dieser Grundlage kann man Funktionären eine neue Ausrichtung, eine gewandelte Professionalität stiften.

In der Krisensituation der Veränderung ist die schlichte, »undosierte« Wahrheit deshalb meistens keine zielführende Option; ein kalkulierter Umgang mit Informationen und

Moralische Tücken der Veränderung

Ansichten ist nicht zu umgehen. (Ich schreibe hier sehr bewusst »mit Informationen und Ansichten« – *nicht* »mit Tatsachen«. Wer lügt hat seine Glaubwürdigkeit ruiniert, sobald die Tatsachen ans Licht kommen. Ehrlichkeit ist nicht nur moralisch geboten, sie ist auf lange Sicht auch die einzig erfolgversprechende Politik der Veränderung.)

Die Grundsituation der Führung ist immer schon von Beginn an heikel: Sage ich als Führungskraft, dass die aktuelle Professionalität der Außenwelt der Institution nicht mehr gerecht wird, so zeige ich nach der Logik des Systems schlicht meinen Mangel an Professionalität. Denn, so wird man belehrt werden: »Die Aufstellung der Vertriebsorganisation mit starkem Außendienst in den Regionen X und Y ist so gestaltet worden, weil die Erfolge der Produktentwicklung der letzten Jahre den Aufbau dieser Kapazitäten erforderlich machten«; »Die Zentralisierung der Antragsbearbeitung in einem einzigen ›Service Center‹ folgt dem Branchentrend«; »Wir mussten schließlich dem US-Trend zum *Business Design Innovation Excellence Reengineering* folgen, und so haben wir eine gestreamlinte Abteilung dafür eingerichtet« etc. Alle Erfahrung deutet jederzeit schließlich auf die Richtigkeit, ja die Notwendigkeit der etablierten Professionalität: »Wir machen das gerade so, und wir sind noch da, also muss es richtig sein!«

Während wir hier ruhig sitzen, mag aber die uns gewohnte Welt sehr wohl schon im Untergang begriffen sein. Der Stratege muss um die Angst der Mitarbeiter vor dieser Einsicht wissen und sie ernst nehmen. Niccolò Machiavelli – völlig zu Unrecht als kalter Machttheoretiker verschrien – hat vor mehr als 500 Jahren notiert, warum selbst die zu den Veränderungsgewinnern zählenden Mitarbeiter keine sehr verlässlichen Verbündeten bei Veränderungen sind: »Wer neue Gesetze einführt, hat alle die, die sich bei den vorherigen wohl befanden, zu Feinden und nur sehr laue Freunde an denen, welchen die neuen Gesetze Vorteile bringen.« Denn die Gewinner der neuen Ordnung haben diese schließlich noch nicht erlebt, sie bleibt vorerst nur ein motivationsschwaches Versprechen.

Will eine Führungskraft angesichts dieser völlig menschlichen Veränderungsangst und der Beharrungskraft der professionellen Gewohnheit ein neues Verhalten stiften, so muss sie den Vorgang also »diplomatisieren«. Das Geschehen muss den Beteiligten so verdolmetscht werden, dass sie zwar nicht betrogen sind, aber doch das Richtige zur rechten Zeit hören und deshalb mitgehen können.

Ein eigenwilliges Bild, das Thomas S. Kuhn in seinem Buch über die Kopernikanische Wende benutzt, veranschaulicht die Natur einer Führungsaufgabe. Um von der aristotelischen Vorstellung, die Erde stehe still und die Sonne kreise um sie, zu Kopernikus' umgekehrter Ansicht zu gelangen, müssen die Mitmenschen nach Kuhns Metapher *durch eine Kurve* geleitet werden: Steht man auf der Straße und blickt in Richtung der Kurve, so scheint die Straße einfach zu enden. Betrachtet man aber die Situation vom Scheitelpunkt der Kurve aus, so kann man in der einen Richtung auf seine alte Auffassung von der feststehenden Erde zurückblicken und ihre Begründung auch würdigen. Man kann aber vom Scheitelpunkt aus auch den Teil der Straße sehen, der nach der Kurve anschließt und in die heliozentrische Weltsicht führt.

Diesem Sinnbild nach kommt es für die Führungskraft in einem Veränderungsprozess darauf an, in nachvollziehbaren Schritten neue Aspekte ins Gespräch zu bringen und neue Vorkehrungen zu treffen; so beginnt die Neigung der geraden Straße in die Kurve. Neues wird schrittweise plausibel, ohne dass die Revolution – »Eure Straße endet da vorne!« – ausgerufen wird. Zum passenden Zeitpunkt, den zu bestimmen allein am Urteilsvermögen der Führungskraft hängt, kann dann eine »Wendegeschichte« erzählt werden: »Wir kommen aus *dieser* Auffassung und Praxis. Sie hatte ihre guten Gründe und hat viel geleistet. Wir folgen jetzt aus den gemeinsam entwickelten Gründen einem anderen Ansatz und gehen in eine andere Richtung.«

Diese Botschaft kann am Scheitelpunkt der Veränderungskurve gesandt und auch verstanden werden, wenn die Veränderungsimpulse vorher klug dosiert und gesetzt wurden. Kuhns Bild lehrt, dass eine bestehende Professionalität, der blinde Gehorsam einer Institutionsbesatzung, nur schrittweise neu ausgerichtet werden kann. Der Anführer eines Veränderungsprozesses kann diesen nicht immer und im vollständigen Detail *als einen Veränderungsprozess* erläutern und diskutieren. Dann würde er die Mitarbeiter überfordern und verlieren; nicht, weil sie *intellektuell* nicht folgen könnten, sondern weil sie *als Menschen* mit natürlicher Abneigung gegen Unsicherheit dann *praktisch* nicht folgen könnten.

Zusätzlich zu diesen psychologischen Faktoren würden auch die in der etablierten Struktur wirkenden Kräfte zur sofortigen Blockade der Veränderung führen. Denn die etablierte Professionalität hat *definitionsgemäß* immer recht, und ihre Vertreter haben die Macht in der aktuellen Struktur. Deshalb muss eine Führungskraft pragmatisch nach den Leitgedanken ihres Veränderungsprogramms handeln und andere dafür gewinnen, dies mit ihr zu tun. Der Weg zur Veränderung führt nicht über die intellektuelle Überzeugung aller von der Richtigkeit bestimmter Ansichten, sondern über das Handeln einiger, das eine wachsende Dynamik erzeugt, bis – mit Kuhn zu sprechen – der Scheitelpunkt der Kurve gemeinsam erreicht ist.

Professionalität und Führung des »Humankapitals«

Ist dieser Punkt durch geschickte Führung einmal erreicht, so kommt den Architekten einer Veränderung der sinnbeschränkte Charakter unserer Institutionen plötzlich zugute. Es reicht dann völlig aus, positive Geschäftsergebnisse als Folge des neuen Ansatzes nachzuweisen, um aus dem Skandal – »Infragestellung unserer Professionalität!« – die Jahreslosung des ganzen Vereins zu machen.

Dennoch bleibt das Handwerk der Führung auch in dieser Phase heikel. Der Weg zu einer akzeptierten Veränderung führt über konkrete, nachweisbare Verbesserungen und über empfindliche Zehen – derer nämlich, die Macht im Status quo haben, aber diesen Erfolg selbst nicht zustande brachten. Denn möglicherweise haben sie die Chance oder das Erfordernis nicht erkannt, oder sie haben es zwar erkannt, hatten aber nicht den Mut, das Risiko einer konsequenten Veränderung und damit die Möglichkeit eines Scheiterns auf ihre Karriere zu laden.

Es ist deshalb für Führungskräfte wichtig, mit Feigheit und Dummheit in ihrer Umgebung zu rechnen. Das bedeutet nicht, dass unsere Kooperationspartner in Institutionen feige und dumm *sind*; es heißt nur, dass ein Anführer, der sein Handeln so gestaltet, dass Feige und Dumme sich aus Furcht dagegen wehren werden, seine Erfolgschancen deutlich mindert. Man muss kein Menschenfeind sein, aber was gesagt und getan wird, muss nach Möglichkeit das schwächste Glied in der gewünschten Wirkungskette in Frieden lassen, bis die Auseinandersetzung *ohne Auseinandersetzung* im eigenen Sinne entschieden wurde. Hier haben wir eine Kostprobe des moralischen Zwielichts der Veränderungsarbeit, von dem schon die Rede war.

In einem bedeutenden Veränderungsprozess ergibt sich aus den Mosaikteilen konkreter Verbesserungen dann eine ganz andere Arbeitsweise mit neuartigen Anforderungen an die Mitarbeiter, möglicherweise auch eine ganz andere Organisation. Bei gekonnter Führung wird das aber nicht großartig oder gar in akademischer Breite diskutiert: Es wird wenigen weitblickenden Menschen zwischendurch in der Vorausschau deutlich, und ein paar weiteren verständigen Leuten dann in der Rückschau.

Die meisten werden aber einfach, in akzeptablen Schüben von Zumutungen und Anpassungen, um Kuhns Kurve geführt. Sie gleiten in eine neue Professionalität hinüber – eine Professionalität, die sie als solche nie ganz haben kommen sehen und die sie gerade deshalb akzeptieren können, weil sie nicht zu früh gebeten wurden, ihre Gestalt zu beurteilen. Sie wurden einfach, im Wortsinne, in sie eingeführt.

Die moralische Dauerkrise der Führungskraft

Aufgrund dieser Schwierigkeiten und Tücken ihrer Tätigkeit für ihr Gefühlsleben und ihre moralische Integrität genießen Führungskräfte in unseren Institutionen begrenzte Privilegien – vor allem das Vorrecht, als ganze Persönlichkeiten in Betracht gezogen zu werden. Wer seine ganze Menschlichkeit für den Betriebsgewinn nicht einfach *haben*, sondern kalkuliert *anwenden* soll, gar noch in den feineren Verästelungen menschlicher Beziehungspflege, der muss auch in seiner ganzen Person vom Betrieb wahrgenommen und gefördert werden. Um einen Menschen *als Führungskraft* zum Betriebsmittel zu machen, *muss* seine Persönlichkeit ernst genommen werden; ansonsten wird man sie nie ganz und gar in Dienst nehmen können.

Dieser Umstand ist es, der es eher geistig und nachdenklich veranlagten Menschen möglich macht, im Betrieb eine

Nische für sich zu finden. Man kann sich den eigenen Fortschritt als Führungskraft mit einigem Recht als fortschreitende Entwicklung der eigenen Persönlichkeit vorstellen – sofern man eine immer größere Vielseitigkeit der Umgangs- und Auftrittsformen, eine immer virtuosere Anpassungsfähigkeit von Situation zu Situation und eine geschmeidiger werdende Machtausübung als wachsenden Reifegrad betrachten will. In jedem Fall hat man Gelegenheit, routinierter und kenntnisreicher in allen Aspekten des Umgangs mit Menschen zu werden und dabei viel Schönes und Hässliches mit ihnen zu erleben.

Vorgesetzte erhalten zum Beispiel oft systemtheoretisch geprägte Schulungen, wie man den Mitarbeiter als ein System von Motivationen zu begreifen habe, an das es anzudocken gelte, um es in »Leistungslaune« zu versetzen. Das geht am effizientesten, indem man die zwischenmenschlichen und nervlichen Schäden einer professionalisierten Arbeitsumgebung aktiv »verwaltet« (»manage«). Zum Beispiel gibt man sich ausgleichend, lindernd, geradezu überdeutlich wertschätzend, man hängt in Gruppen einer Art Schulhoffröhlichkeit an, bevor man zur Sache kommt, um dann, einmal in der Sache angekommen, durchsetzungsfähig zu sein.

Die Professionalität der Führungskraft besteht darin, durch den wohlberechneten *Einsatz* von Menschlichkeit, Authentizität, Zuwendung, Zuspruch, Lob und »konstruktivem« Tadel, Übertreiben, zeitweisem Verschweigen, Abmildern oder Aufbauschen das »Humankapital«, die Funktionäre, produktiv zu machen und zu erhalten. Wer einmal einen Manager seine Präsentation mit einer persönlichen Anekdote und öffnenden (*keineswegs* schließenden) Armbewegungen hat beginnen sehen, der weiß, wovon ich spreche.

Die moralische Dauerkrise der Führungskraft

In Führungsfragen geht es immer und ausschließlich um die wohldurchdachte Beeinflussung anderer Menschen. Um Wirkung zu entfalten, muss der Vorgesetzte die Klaviatur zwischenmenschlicher Situationen souverän bespielen. Er muss bei vielen unterschiedlichen Menschen in vielen unterschiedlichen Situationen Vertrauen aufbauen und ihre konstruktive Mitarbeit sichern können. Es ist dabei zu jedem Zeitpunkt nur ein kleiner Schritt von legitimer Einflussnahme zu geradezu hinterlistiger Manipulation.

Die Grenze ist in der Führungspraxis immer fließend, etwa wenn man fragt: Wer muss welche Botschaft in welcher Tonart hören, um unter den Bedingungen seiner speziellen Perspektive und Interessen mit von der Partie sein zu können? Welche Informationen müssen mitgeteilt, welche gestreift, welche zeitweise oder ganz weggelassen werden? Welche Tiefe des Gesprächs, welcher Moment, welche Situation ist die zielführende?

Zu welchem Zeitpunkt in einem komplexen Vorgang ist welcher Schritt mit wem möglich, welcher noch nicht oder schon nicht mehr? Welche Dynamik herrscht in einem Raum mit einer Gruppe von Menschen unterschiedlicher Perspektive auf die Veränderung? Durch welche Moderation lässt sich diese Dynamik so steuern, dass das nötige Ergebnis erzielt werden kann? Wie geht man mit Quertreibern, Verweigerern, wie mit Negativkommentaren um? Welche »Adjutanten« wählt man für ein solches Geschehen jeweils aus, um die Machtsituation in der Gruppe im Sinne der eigenen Absicht zu gestalten? Und, nicht zuletzt, wie bleibt man als Führungskraft dabei offen für den vielleicht besseren Gedanken der Anderen, um von ihnen zu lernen?

Es handelt sich bei Führung in Institutionen nicht nur um die bewusste, situationsbezogene Beeinflussung von

Personen; es handelt sich um die generelle und planvolle Beeinflussung ihrer Wahrnehmungsmöglichkeiten. Während der ehrgeizige Mitarbeiter mit dem Erahnen der Erfolgsbedingungen beschäftigt ist, die sein Vorgesetzter für ihn definiert, hat der Vorgesetzte seinerseits viel Arbeit damit, zu entscheiden, was die Kollegen unterschiedlicher Ränge jeweils von ihm wahrnehmen sollen. Denn davon hängt ab, was sie für möglich und unmöglich halten und welchen Grad von Kooperation sie ihm entgegenbringen werden.

All das findet in einer paradoxen Lage statt, in der die Mitarbeiter stets wissen, dass es nicht eigentlich um sie, sondern um die Sicherung des Betriebs unter veränderten Umständen geht. Das unter diesen neuen Umständen ihre aktuelle Arbeitsstelle vielleicht nicht mehr gebraucht werden könnte, ist dabei allen immer klar. Der Vorgesetzte weiß deshalb stets, dass seine Mitmenschlichkeit – selbst bei völliger Aufrichtigkeit seiner Person – immer auch Teil eines weiter gefassten, wohldurchdachten Spiels ist. Es geht um Profit oder in einer Verwaltung um rechtskonformen Betrieb, und *deshalb* muss es *auch* um die Bedürfnisse der Mitarbeiter gehen. Denn als »Humankapital« sind diese Faktoren der Gewinnerzielung wie Strom, Wasser und vielleicht Ziegelsteine.

Auf jeden wird deshalb so eingegangen, wie der Vorgesetzte es für nötig befindet, um Mittun zu erreichen. Die Menschlichkeit und Freundlichkeit, die einem begegnet, ist nie *einfach* Menschlichkeit und Freundlichkeit, sondern immer in ihrem Zweckzusammenhang zu sehen. Es wird so niemals richtig warm, weil alles nur heiße Luft ist. Wer seinen Vorgesetzten loben will sagt, er sei authentisch, menschlich, ehrlich usw. In solchen Versicherungen drückt sich umgekehrt, wie in einem Schattenschnitt, die Wahrheit aus, dass Konformismus, zwischenmenschliches Desinte-

Die moralische Dauerkrise der Führungskraft

resse und ein zwangloser Umgang mit der Wahrheit den Normalfall in der Arbeitswelt bilden. Jede positive Abweichung davon löst deshalb Erleichterung aus und wird beinahe schon als ein moralisches Verdienst angerechnet.

Für einen Vorgesetzten, der angesichts dieser Grundsituation seines Handelns und Nachdenkens kein moralisches Problembewusstsein hat, sollte man nach Möglichkeit nicht arbeiten. Ungebrochenes Selbstbewusstsein in der moralischen Dauerkrise des Führungshandelns ist ein Zeichen unvollständiger Wahrnehmung der eigenen Situation und damit auch der Grund für einen Mangel an Mitgefühl.

Bemerkenswerterweise kann nur eine Führungskraft die geforderte berechnende Beeinflussung leisten, die selbst ein hohes Maß an Aufrichtigkeit und Wahrhaftigkeit im Umgang mit sich selbst pflegt. Ein Anführer muss genau wissen wollen, was die Tatsachen der Situation sind, was die Anderen denken und fühlen – und welche Art von Einfluss er selbst typischerweise durch sein persönliches Auftreten auf diese Faktoren nimmt.

Breites Wissen aller Art und eine entsprechend differenzierte Selbsterkenntnis sind deshalb das Kapital einer Führungskraft. Wirkungsvolle Führungskräfte haben ein auf breite Bildung gestütztes Urteilsvermögen und eben deshalb ein klares Bewusstsein der eigenen Wirkung auf andere. Zudem sind sie fähig, ihren Anteil am Gelingen oder Misslingen von Begegnungen mit anderen anzuerkennen, daraus zu lernen und sich nötigenfalls aufrichtig zu entschuldigen.

Alle Führungskräfte müssen mit Weglassung, Auslassung und Betonung, mit gezielter zeitweiser Fokussierung und Ausweitung der Perspektive ihrer Äußerungen arbeiten. Will man dies moralisch gnadenlos als faktische Lügen bezeichnen, so sind diese »Lügen« guter Führungskräfte doch in gewissem Sinne ehrlich: Sie kennen sich selbst und wissen vieles über ihre Mitarbeiter, die sie gern fördern und denen sie auch menschlich beistehen wollen – sie können ihr Wissen aber *professionellerweise* nur einsetzen, um die Mitarbeiter als Mittel zum Zweck der Institution zu gebrauchen.

Es gibt menschliche Direktheit, Authentizität, Geradlinigkeit bei Führungskräften, und gerade dass dies das Führungsideal der aufrichtigsten Manager ist, stellt klar, dass das System etwas anderes begünstigt. Die große Lüge und Perversion, dass Menschen als Betriebsmittel behandelt werden sollen, obwohl sie dies nicht sind und nicht sein können – diese große Lüge infiziert die kleinen Tätigkeiten des industriellen Alltags; nichts an ihm darf ihretwegen einfach als unschuldig und menschlich geradlinig gelten.

Die Lüge vom menschlichen »Rädchen im Getriebe« ist groß genug, dass sie, einmal akzeptiert, Raum genug für die »Wahrheiten« eines ganzen Alltags bietet. Diese Perversion am Grunde der Industriegesellschaft ist es, die alternative, eher auf Teilhabe und Gemeinschaft ausgerichtete Gesellschaftsmodelle für humanistisch gesinnte Menschen attraktiv macht. Ein Unternehmen, in dem die Dynamik des »Human Resource Management« nicht zum Zuge käme, müsste gemeinschaftlich und möglichst hierarchiefrei, also genossenschaftlich betrieben werden.

Um stetig finanziell höher bewertete Stellen in den tatsächlichen Institutionen unserer Arbeitswelten-Welt zu erreichen, ist die Praxis (wenn auch nicht zwingend die Mentalität) eines *manipulativen Relativismus* notwendig. Man ist der, den die Anderen gerade brauchen, und man spricht so, wie der Andere es mutmaßlich verstehen und akzeptieren kann. Möchte man etwas Altes verbessern oder etwas Neues durchsetzen, so tut man gut daran, sich an Blaise

Pascals Ratschlag zu halten: »Man muss einen Hintergedanken haben und von diesem ausgehend über alles urteilen, wobei man jedoch wie das Volk sprechen soll«. Daraus resultiert eine höfliche, dosierte gegenseitige Falschheit, in die Führungskräfte und Mitarbeiter ständig eingebunden sind.

Letztere haben allerdings das Privileg, dem vollkommenen Ausverkauf ihrer Person an den Betrieb leichter zu entkommen als die Vorgesetzten, die davon viel stärker bedroht sind. Denn für den Mitarbeiter reicht es zum Lebensunterhalt aus, tagsüber gelegentlich die erlernte Professionalität anzulegen wie einen etwas steifen Anzug. Niemand erwartet von ihm das umfängliche »Beziehungs-Management« einer Führungskraft, die ja immerzu, das ganze menschliche Verhältnis hindurch, als Funktionär professionell bleiben muss. Allerdings wird von Mitarbeitern erwartet, dass sie das Menschlichkeitstheater nicht durch unkoordiniertes Wahrheitsagen oder kritisches Nachfragen stören. »Vom Wahrsagen lässt es sich wohl leben in der Welt, aber nicht vom Wahrheitsagen« (Georg Christoph Lichtenberg).

Das Alibi des Relativismus

Was braucht es philosophisch, also im Nachdenken, um sich in dieser wohlstrukturierten, wohldosierten Falschheit behaglich einzurichten? Schließlich ist es menschlich, den Anderen, die mir doch freundlich zu begegnen scheinen, seine echten Empfindungen und Urteile anzuvertrauen. Im Arbeitsleben folgt man selbst aber – systembedingt und charakterunabhängig – ständig irgendeiner Agenda. Man beeinflusst andere im eigenen Sinne oder hält sich zumindest produktiv auf Abstand zu ihnen. Das verträgt sich schlecht mit dem Aufbau echten zwischenmenschlichen Vertrauens.

Sind wir recht bei Verstand, so trauen wir im Betrieb uns selbst und niemand anderem jemals vollkommen. Denn das ganze zwischenmenschliche Geschehen in unseren Arbeitswelten ist moralisch fadenscheinig. Professionalität soll ja gerade das Herauslassen der persönlichen Eigenheit aus unserem Denken und Tun garantieren, damit der Betriebszweck nicht unter unserer Menschlichkeit zu leiden hat. Und alle wissen (sofern sie nachdenken), dass dies eine Unmöglichkeit ist, eine grundlegende Umkehrung, d. h. eine Perversion menschlicher Beziehungen unter dem irreführenden Stichwort »Zusammenarbeit«.

Das Theaterspiel unserer Professionalität, unserer Betrieblichkeit und Maschinenhaftigkeit, kann deshalb nur so erlernt werden, dass wir Interaktionsmuster einüben – ganz so, wie man bei Hofe einst lernte, einen Knicks zu machen. Lebendigkeit ist nicht zu entfernen, sondern nur zu unterdrücken. Die praktische Checkliste für unser »Mitarbeitergespräch« oder unsere »Gehaltsverhandlung« lenkt uns davon ab, die Dinge als wir selbst tun zu wollen – z. B. »einmal auf den Tisch zu hauen«, was logischerweise der Inhalt vieler komödiantischer Aufarbeitungen unserer Welt aus Arbeitswelten ist.

Die gestanzten Formeln der »Trainings« und »Mentorings« erleichtern es den radikalen Funktionären damit zu leben, dass sie gar keine Eigenheiten aufweisen. Gewitzte und routinierte Professionelle loben einander gern im Vokabular von Brettspielen: »Clever gespielt!« »Guter Zug!« So oder so trägt das Theater der Professionalität also zur alltäglichen Annehmlichkeit der industriellen Verhältnisse bei. Und diese Annehmlichkeit stabilisiert sich selbst, je mehr Menschen sich professionalisieren.

Professionalität ist der Mehltau, der sich über alle Vollzüge moderner Gesellschaften legt. Die absichtlich *mög-*

lichst vollständige Anwendung von Zweckrationalität bedeutet, dass alle gemeinsam an der »Verlangeweilung«, an der Trivialisierung ihrer Erlebnisse arbeiten. In einer professionalisierten Welt fallen die Eigendynamik und der eigene Takt, der eigene Geschmack und die eigene Atmosphäre jeder Materie menschlichen Interesses einer ideologischen Verkrampfung zum Opfer: Allen muss nach objektiven Kriterien ermöglicht werden, prinzipiell alles zu tun. Wo nicht »professionalisiert« wurde, kann weder betriebliche Effizienz noch »Chancengleichheit« garantiert werden. Ein nicht professionalisierter Bereich ist noch nicht für den ökonomischen Versorgungskampf der wackeren »Arbeitnehmer« erschlossen.

Einmal im Modus der professionellen Menschlichkeit eingelebt, bietet das Arbeitsleben auch eine Bühne, auf der man das ganze Spektrum menschlicher Beziehungsdramen aufführen kann. Auf dem Plateau einer sanften, weniger von Augenzwinkern als von Augenrollen untermalten Verlogenheit sind alle Klassiker inszenierbar: Der ist jetzt beleidigt, er fühlt sich im Stich gelassen, sie revanchiert sich mit Nichtachtung, ihre Aktien steigen und sie weiß es, seine Aktien fallen und er hat keine Ahnung usw. Richtet man sich jedoch innerlich auf und sieht aus dem Fenster des Bürogebäudes auf die Bäume, Straßen und Passanten, ruft man seine Familie an und wendet den Blick dann geklärt zurück auf die aktuelle Auseinandersetzung innerhalb der Institutionsmauern, so erkennt man sofort an sich selbst und den Anderen den ständig drohenden Ausverkauf jeder Geste der Menschlichkeit an den Betrieb.

Also nochmal die Frage: Welche Philosophie benötigt jemand, um in dieser Lage »seine Knechtschaft lieben« (Jean-Jacques Rousseau) zu können? Wir wollen schließlich nicht denken, dass wir in einem Verhängnis stecken, es soll uns gut gehen und wir wollen erfolgreich sein. *Moralischer*

Relativismus ist die einzige Theorie, die es erlaubt, diesen Manipulationsbetrieb für moralisch unverdächtig zu erklären. Die Losungen des Relativisten lauten: »Jeder hat seine eigene Realität!«, oder noch peinlicher: »Perception is reality«, »Wahrnehmung ist Wirklichkeit«; »Du hast recht und ich habe recht, jeder auf seine Weise!« Die argumentative Erledigung dieser Wohlfühltheorie für Karrieristen ist einfach.

Denn hätte jeder seine eigene Wirklichkeit, dann wüssten wir gemeinsam nichts über die Wirklichkeit. Wir könnten uns dann nur von unseren Eindrücken erzählen, aber daraus kann dann niemals eine Verständigung auf ein gemeinsames Wissen werden. Und auch die relativistische Behauptung, dass jeder seine eigene Wirklichkeit habe, könnte dann nicht gemeinsam gewusst werden. Setzt man voraus, dass der Relativismus wahr ist, so zeigt sich, dass er dann bloß genau so wahr oder falsch sein kann wie jede andere Aussage, die man sich denken kann. Es gäbe also keinen Grund, ihn zu akzeptieren und abweichende Behauptungen abzulehnen. Der moralische Relativismus ist eine Scheinphilosophie; man kann auch sagen: das Aufgeben der Philosophie, des vernünftigen Nachdenkens über das Gute und die Wege zu seiner Erreichung, verkleidet als Philosophie.

Diese Kapitulation des Nachdenkens ist verführerisch attraktiv. Denn nur wenn wir uns gegenseitig glaubhaft versichern, dass es keine moralischen Wahrheiten und damit auch keine fundamentalen Rechte des Menschen, also keine *wirklichen* Forderungen an uns gibt – nur dann können gewissenlose Karrieristen es legitim finden, ihre Mitmenschen nach Strich und Faden zu manipulieren. Nur wenn es keine Wahrheit gibt, ist jede Aussage *perspektivisch* legitim, also von einem bestimmten Standpunkt aus in Ordnung.

Niemand ist dann für die Folgen des Tuns seiner Institution verantwortlich, und annehmlicherweise entgeht man so auch der persönlichen Verantwortung. Es scheint dann ganz unproblematisch, als Funktionär bloß ein »Rädchen im Getriebe« zu sein. Haltloser Opportunismus gegenüber den Mitarbeitern sowie prinzipienlose Kriecherei gegenüber den Vorgesetzten sind dann wenigstens harmlos – wenn nicht sogar »smart«, »clever«, »geschickt« im Sinne des eigenen Laufbahnfortschritts.

»Die Wahrheit wird der Relativität überantwortet und der Mensch der Macht« (Theodor W. Adorno). Ist der Relativismus einmal akzeptiert, so wird das zuvor differenziert geschilderte Geschehen von Professionalität und Führung sehr finster: Mitarbeiter und Vorgesetzte lügen sich wohldosiert an und haben in jedem Fall eine professionelle Rechtfertigung dafür; jemanden einen Lügner nennen zu wollen, zeigt nur die eigene Unprofessionalität. Moralischer Relativismus ermöglicht den Insassen der Arbeitswelten die Verklärung der sittlich idiotischen Professionalität, die sie ihrem Betrieb schuldig sind.

Dieser Punkt ist sehr einfach und deshalb sehr schwer *wirklich* zu verstehen: Das industrielle System schafft bei uns allen die Nachfrage nach einer Entlastungsphantasie, die uns moralisch »vom Haken lässt«. Und wo eine solche kulturelle Nachfrage ist, da bleibt das Angebot nicht aus. Es ist nicht abwegig, sich die Kulturgeschichte als das Entstehen solcher Erklärungs- oder Rechtfertigungsbedürfnisse zu denken, die dann, schon während sie im Entstehen begriffen sind, die Mittel ihrer Befriedigung hervortreiben. In diesem Sinne *verursacht* die Industriegesellschaft moralischen Relativismus, also sittliche Haltlosigkeit, und am Ende Fühllosigkeit gegen die Folgen des eigenen Denkens und Tuns.

Professionalität und Führung des »Humankapitals«

Der Athlet dieser Disziplin des »anything goes« ist der Ehrgeizige. Er will mit aller Macht erreichen, dass die anderen ihn so sehen, wie sie ihn gerne hätten. Ehrgeiz bringt Erfolg und eine pseudomoralische Befriedigung – eine anerkannte Anständigkeit, die ich mir durch Professionalität verdienen und erhalten kann, ohne je an andere denken oder mich selbst hinterfragen zu müssen. Denn Erfolg wird demjenigen zugeteilt, der sich *gewissenlos* pragmatisch im Sinne des Institutionszwecks verhält.

Unsere gesamte europäische Kulturtradition ist aber geprägt von der letztlich richtigen und unverzichtbaren Auffassung, dass es Maßstäbe unseres Tuns und Lassens gibt, die von unseren subjektiven Interessen und Meinungen unabhängige Geltung haben. Die dafür unerlässliche Rolle einer entscheidenden Autorität haben im Wechsel der Epochen unterschiedliche Arten von Überzeugungen gespielt: Gottes Offenbarung, der kategorische Imperativ, die Menschenrechte, die Integrität der menschlichen Person usw. Nur die Akzeptanz solcher Maßstäbe erlaubt es, eine Kultur zu stiften und weiterzuentwickeln.

Denn was ist Kultur anderes als ein etabliertes Wertesystem, eine lebendige »Verbindung von Theorie und Praxis« (nach Alasdair MacIntyre)? Deshalb ist die Annahme für uns unbedingt verbindlicher Normen im öffentlichen Bewusstsein stark ausgeprägter, entwickelter Kulturen immer gegenwärtig. (So sehr, dass selbst Staatsverbrecher immer viel Arbeit darauf verwenden, ihre Angriffskriege und Massenmorde als »humanitäre Interventionen« oder »Friedensstiftung« zu verkaufen. Offenkundig rechnet man mit diesem Kulturfaktor bei der zu betrügenden Bevölkerung, und man kalkuliert das in seine Propagandastrategie ein.)

Das Alibi des Relativismus

Gerade wegen dieses verbreiteten Bewusstseins letzter moralischer Verbindlichkeiten ist der moralische Relativismus so anziehend. Er beruhigt unser Gewissen und versieht unseren Opportunismus und unser engstes, unoriginellstes Eigeninteresse mit dem Siegel philosophischer Legitimität, mit dem Anschein der Vernünftigkeit und gar noch der Lebensweisheit. Ich habe tatsächlich einmal am Tag vor dem Weihnachtsurlaub folgenden Austausch mit Kollegen aus einem Führungsteam erlebt; ich eröffnete ihn mit einer Frage: »Weißt du, was der größte Schwachsinn war, den ich dieses Jahr gehört habe? *Jeder hat seine eigene Realität!*« Die Erwiderung zweier Männer mit Jahrzehnten akademischer Bildung und Managementerfahrung war leidenschaftlich, engagiert und energisch: »Aber – genau so ist es doch! Das muss man kapieren, das ist das Entscheidende im Leben!« Nun ja, in ihrem Leben vielleicht.

Der Bedarf der Industriegesellschaft, sich moralisch durch Relativismus zu beruhigen, in Verbindung mit der Bequemlichkeit für den Einzelnen, diese Pille zu schlucken, ist eine geschichtliche Gewalt erster Ordnung. Dieser Zusammenhang erklärt die moralisch bedenkenlose Pragmatik moderner Funktionäre, die Leid und Zerstörung ebenso wie materiellen Wohlstand nie gekannten Ausmaßes über die Welt gebracht haben. Moralischer Relativismus erklärt genau diejenigen moralischen Skrupel für gegenstandslos, die unsere Industriegesellschaft uns aufnötigt und die unsere Professionalität uns zum Wohle des Betriebs aus dem Kopf schlagen soll.

Zu tun, was unserem Betrieb nutzt und uns selbst Erfolg beschert, wird auf diesem Umweg zur rechten Moral erklärt. Diese bedenkenlose, aller Fesseln entledigte Pragmatik der Professionalität ist das dunkle Betriebsgeheimnis der Massenverbrechen der letzten Jahrhunderte. Sie ist auch in den unmenschlichen Strukturen der Ausbeutung von Menschen und der Zerstörung der Umwelt wirksam, in denen wir als ihre Herrscher und scheinbaren Profiteure komfortabel, wenn auch hoffentlich nicht ganz im Frieden mit uns selbst leben.

8. Ehrgeiz und Erstarrung

Die bis hierher beschriebene kulturelle Situation stiftet uns dazu an und bildet uns auch dazu aus, unser moralisches Eigenleben auszulöschen oder überhaupt nie eines zu entwickeln. »Ehrgeiz und Erstarrung« nenne ich vor diesem Hintergrund das gewöhnliche Schicksal, den normalen Werde- und Sterbegang, den die Industriegesellschaft uns bereitet. Das Wertefundament, das mich dieses häufige Schicksal als Verhängnis begreifen lässt, vor dem wir uns hüten müssen, ist ein einfacher Humanismus.

Dies ist meine Kernüberzeugung: Das selbst gestaltete Leben des Menschen ist der Sinn der Welt, ihr ganzer für mich erkennbarer Sinn. Und ganz gleichgültig, was meine Mitmenschen sonst noch glauben, ob Sie Christen oder Muslime oder Atheisten oder Buddhisten sind – auf *diesen* Sinn können wir uns einigen. Denn schließlich ist das vernünftig für uns alle: Auch das Christentum oder den Islam zu praktizieren, ist eine Form des selbst gestalteten Lebens, das der Humanist als obersten Wert betrachtet. Und nur in einer Gesellschaft, in der die Religionsausübung geschützt wird, kann der Christ und der Moslem das nach seinem eigenen Maßstab gestaltete Leben führen – genau wie ich als Humanist hier mein Leben gestalten kann, das nicht auf höhere Mächte bauen will.

Ich kann aber auch in einer offenen Gesellschaft darauf verzichten, ich selbst zu sein; ich kann mein Leben aufgeben, und das ist meines Erachtens die eigentliche »Sünde«, der moralische Grundirrtum, für den wir und unsere Gesellschaft dann teuer bezahlen. Für den Betrieb der Gesellschaft und die Bedienung ihrer Herrschenden mit Leib und Seele Funktionär zu werden, ist Verrat an der Gestaltung meines eigenen Lebens – Verrat an mir selbst. Denn wo ein Mensch sein Nachdenken aufgibt – d. h. seinen Vorbehalt gegen alles angeblich Selbstverständliche –, da ist es mit seiner Selbstbestimmung, mit seiner moralischen Eigenständigkeit (Autonomie) vorbei.

Für einen Humanisten fühlt sich ein solches Schicksal an, als würde die Welt im Kleinen *(pars pro toto)* untergehen. Denn wenn wir mit der Interpretation richtig liegen, dass in der Neuzeit nur der auf sich gestellte Wille des Menschen die Welt ordnen und das Schicksal der Menschen verbessern kann, dann ist der Selbstverrat eines Funktionärs nichts weniger als die Abdankung der Weltregierung im Kleinen. Es wird aber natürlich weiter regiert, nur dass ich als Funktionär keine gestaltende Rolle dabei spiele, ob es in eine gedeihliche oder verderbliche Richtung geht. Ich mache einfach mit und bilde die Gefolgschaft für Wen-auch-immer und Was-auch-immer. Das dürfen wir nicht tun.

Die Wahrheit sagen

Zu Beginn des vorigen Kapitels behauptete ich, dass unser Lebensweg nicht einfach in einer Laufbahn in der Arbeitswelt bestehen *darf,* und gerade eben habe ich schon wieder ein Verbot ausgesprochen. Beide Aussagen sind Vorschriften, beide beanspruchen Autorität für eine klare und deutliche Einsicht. Ich sage, dass ich recht habe und dass die Missachtung oder das Missverständnis der angebotenen Einsichten sogar moralisch verhängnisvoll sein kann. Das ist ein Verhalten, das der moralische Relativismus von vornherein verbietet und das von seinem Standpunkt entweder ein peinlicher Fehler oder Ausdruck von Arroganz ist. Da behauptet jemand, er hätte nicht bloß eine Meinung unter vielen, sondern er sage *die Wahrheit!*

Das ist richtig, aber nicht mit Unfehlbarkeitswahn zu verwechseln. Ich vertrete einfach einen definitiven Standpunkt. Dieser Standpunkt ergibt sich aus den besten Gründen, die ich aus meiner Lebenserfahrung und der Arbeit meines Geistes aufbieten konnte; diese Gründe sind, so gut ich es vermochte, in ein Gesamtbild geordnet, das mir die Wirklichkeit unserer Gegenwart in wesentlichen Punkten zu erschließen scheint. Die Gründe, die diesen Standpunkt für mich – und deshalb potentiell auch für andere – zwingend machen, stelle ich dar. Das ist mein Versuch, die Wahrheit zu sagen. Direkte Offenbarung Gottes ist bei mir bisher ausgeblieben; dies ist das Beste, was ich anbieten kann.

Den Versuch aber, die Wahrheit zu sagen, wohlwissend, dass ich es wohl am Ende doch nicht vermag – dieser Versuch ist notwendig, wenn man mit der Welt nicht im Frieden ist. »Die Wahrheit muss der Folgerungen wegen gesagt werden, die sich aus ihr für das Verhalten ergeben« (Bertolt Brecht). Nur der Versuch, die Wahrheit zu finden und auszusprechen, macht einen neuen Anfang möglich, einen neuen Antritt in besserer Richtung. Denn die Gründe, die wir einander für unsere Auffassungen geben, sind nicht bloß subjektiv, sie sind zumindest intersubjektiv, d. h. anderen vermittelbar.

Wir können einander klüger machen und selbst laufend dazulernen, wenn wir uns einen Standpunkt zutrauen und ihn aktiv vertreten. Das zu tun, und gleichzeitig um des demütigen Anscheins willen zu reden, als betrachte man seinen Standpunkt nicht als zutreffend, als wahr, wäre unaufrichtig. Ich mag mich irren – aber nicht darin, dass ich nach Wahrheit suche. Das rhetorisch zu verschleiern hieße, einen Knicks vor einem relativistischen Zeitgeist machen, der sich keinen Standpunkt zutraut, weil er sich die Verantwortung für den skandalösen Zustand unserer Welt ersparen will.

Versuchen wir, einander die Wahrheit zu sagen, so geraten wir in Streit. So soll es sein. Gelingt es nämlich, so haben wir einander Tatsachen unleugbar vor Augen gestellt, und gefallen diese Tatsachen uns nicht, so haben wir dann ebenso unleugbar ein vielleicht fundamentales Problem. Genau dieses Bewusstsein zu erzeugen ist das Ziel, wenn wir versuchen, einander die Wahrheit zu sagen. Gegen das Eintreten dieses Bewusstseins wehren wir uns schon intuitiv, wenn uns die neuen Einsichten unangenehm sind. Dann gibt es eben Streit.

Die Philosophie eines Menschen, das Handwerk, als das er sich sein Leben vorstellt, ist der denkbar fruchtbarste Ansatzpunkt für einen Streit – für die grundsätzliche Auseinandersetzung, die man für sein Leben ausfechten und bestehen muss. Alles andere ist nur Diskussion, Geplänkel im Ungefähren ohne schmerzliche und freudige Ergebnisse, die sich »einverleiben lassen« (Friedrich Nietzsche) und die uns ewig verfolgen werden, wollten wir sie, einmal errungen, selbstbetrügerisch beiseitelegen.

Deswegen ist es kein peinlicher Fehler oder blanke Arroganz, die Wahrheit sagen zu wollen. Ein solcher Fehler und fatale Arroganz steckt allerdings im Relativismus: Der Mangel eines durchdachten Standpunkts wird den Mitmenschen als allgemeines Prinzip, als rechte Philosophie verkauft. Genau das *ist* Relativismus, die Aufgabe der Vernunft, die Abdankung unseres eigenständigen Urteils – die bedingungslose Unterwerfung unter die Mächte, die eben gerade am einflussreichsten sind und die uns deshalb zu dem prägen konnten, was wir geworden sind.

Die Wahrheit sagen

Warum also *darf* unser Lebensweg nicht einfach in einer Laufbahn der Arbeitswelt bestehen? Verteilt über die Vorkapitel haben wir einzelne Teile der Antwort auf diese Frage schon gegeben. Vielleicht genügten die Anmerkungen zum Konformismus, zum Funktionärstum und zum trügerischen, weil menschlich leeren Standard-Daseinsprogramm aus rationaler Arbeit und Erfolg auch schon; vielleicht haben sie bereits eine gewisse Skepsis begründet, ob mit dem Mitmachen schon alles für uns getan sei. Aber es fehlt doch noch ein Hinweis in dieser Philosophie, ein letzter Kommentar zu der aufgebauten Gegenwartsdiagnose, der noch einmal einen anderen gedanklichen Anlauf nimmt: den vom Ehrgeiz her.

Von Ehre und Ehrgeiz her gedacht können wir alles zu einem Bild des gewöhnlichen Verhängnisses zuspitzen, das die Industriegesellschaft für uns bereithält. Der Ehrgeiz, die Triebfeder der meisten Karrieren, ist dieses Verhängnis. Ihm müssen wir entrinnen, um nicht zum Funktionär zu verkümmern; und wenn wir unbedingt eine Laufbahn haben müssen, so sollten wir vermeiden, sie aus Ehrgeiz zu haben. Ein richtiges Leben zu führen heißt nicht, ein glückliches oder erfolgreiches Leben zu führen. Es bedeutet ein Leben zu führen, das wir als *vernünftige* Wesen verantworten können. Als Wesen, die Herren ihrer selbst sein können und es deshalb auch sein wollen.

Wir dürfen nicht *nur*, nicht *einfach* eine Karriere in der Arbeitswelt zum Lebensinhalt haben, weil wir damit unsere moralische Eigenständigkeit aufgeben und zu Komplizen jedes beliebigen Unrechts werden. Das gewöhnliche Verhängnis des Ehrgeizes hat einen moralischen und einen politischen Aspekt – die versagende moralische Person ist der Mitläufer gesellschaftlicher Ungerechtigkeiten. Beide Dimensionen, die moralische und die politische, sind nicht voneinander zu trennen.

Annäherung an den Ehrgeiz

Die Kultur unserer Gegenwart hat die Tendenz, die beiden Klammern zu lösen, die unserem Leben Halt und Richtung geben: die Ideen des Selbst und der Wirklichkeit. Im fünften Kapitel sprachen wir davon, wie die Industriegesellschaft uns eine Standardidentität aus rationaler Arbeit und entsprechendem Erfolg als Heimat, als solide Verortung in der Welt anbietet. An diese Gedanken knüpfen wir nun an. Ins Zentrum der Überlegung rückt jetzt der Ehrgeiz, der nach meiner Analyse und Auffassung *pseudomoralischen Wahnsinn* darstellt. Diesen Wahnsinn genauer zu verstehen ist das abschließende und das wichtigste Ziel dieser Philosophie. Denn die Wahnvorstellungen ihrer Bewohner drücken die Betriebsnotwendigkeiten einer Gesellschaft aus. Sie bezeichnen, in genau welcher Weise wir verrückt werden müssen, um mitzutun.

Der an Moral erinnernde, sozusagen *moralförmige* Wahnsinn des Ehrgeizes ist die Grundhaltung, die unsere Welt aus Arbeitswelten in uns kultiviert. Die Befangenheit in der Pseudomoral von Ehrgeiz und Erfolg ist deshalb eine Form des Wahnsinns, weil sie die freiwillige Umwandlung meiner selbst in einen Funktionär, meine moralische Selbstaufgabe, darstellt. Tragischer- und ironischerweise sorgt das industrielle System dafür, dass mir während dieser fortschreitenden Selbstaufgabe der Anschein entstehen kann, mich als Mensch zu profilieren, mich charakterlich fortzuentwickeln.

Dieses Krankheitsbild steht im Zentrum der Kultur unserer Gegenwart. Ehrgeiz ist das soziale Betriebssystem unserer Institutionen, weil Selbstunsicherheit das vorherrschende Ergebnis unseres Aufwachsens in der Ordnung des Ansehens ist; wir sind alle zu Kundschaftern und Managern fremder Erwartungen ausgebildet worden. Ehrgeiz ist deshalb auch die *Frömmigkeit* der Industriegesellschaft. Er verkörpert das Streben, diejenige Macht, die uns Erlösung von unserem Elend gewähren kann, durch unsere sichtbare Unterwerfung freundlich zu stimmen.

Nur wer diesen Wahnsinn versteht, der kann sich im Detail seines eigenen Lebens von Fall zu Fall Gedanken machen, was es wohl gerade verlangt, selbst nicht wahnsinnig zu werden. Das Ergebnis dieser Philosophie, ihre eigentliche Lehre über die Erfolgsleere, ist kein fester Satz von Empfehlungen, wie wir uns das Leben einrichten sollen. Es geht mir um die Bildung eines Bewusstseins von der Macht des Ehrgeizes; darum, seine Gewalt über uns zu erkennen, um sich ihr zumindest hier und dort entziehen zu können. Wem diese Einsichten zu negativ und zu »elitär« vorkommen, der soll sie wie in der Schule gelernt für seine Lebenslage mit -1 multiplizieren und fragen: Wenn gerade dies jetzt meine Bedrohung durch den Ehrgeiz ist, was ist dann gerade jetzt der Weg, mich dagegen zu sichern?

Wie jeder Begriff moralischen Gewichts nimmt der Ausdruck »Ehrgeiz« einen wohlbekannten, aber deshalb nicht unbedingt klar umrissenen Raum in unserer Sprache ein. Zunächst müssen wir festhalten, dass ehrenhaftes Verhalten nicht notwendig Ausdruck von Ehrgeiz ist und diesen auch nicht zwingend voraussetzt. Oft ist es ja gerade die deutliche Abwesenheit landläufig für »ehrgeizig« gehaltener Motive wie Aufstiegsdrang, Geldgier etc. in einer Handlung oder einer Person, die sie uns als ehrenhaft bezeichnen lässt.

Wo von Ehre die Rede ist, wo gelobt und getadelt, wo Status zu- und aberkannt wird, da muss also nicht unbedingt schon Ehrgeiz im Spiel sein. Deshalb ist Ehrgeiz eine Erscheinung, die einer gesonderten Diskussion und Analyse bedarf und die nicht einfach aufgrund der Vorkapitel und unseres gewohnten Sprachgebrauchs rund um Ehre und Status als verstanden betrachtet werden darf.

Der Begriff kommt aus dem Mittelhochdeutschen, in dem im 16. Jahrhundert das Adjektiv »ergetic« als Zusammensetzung von »Ehre« und »geizig« (im Sinne von habsüchtig oder gierig) gebräuchlich war. Wir sprachen zuvor ausführlich von unserer steten Navigationsarbeit im sozialen Geflecht, bei der wir in der Ordnung des Ansehens unseren Status erringen und bewahren und dies auch den anderen ermöglichen. Die historische Wurzel des Begriffs passt zu diesem Bild, denn der Ehrgeizige ist in diesem modernen Sozialgefüge derjenige, der neidisch, gleichsam gierig darauf bedacht ist, sein Außenbild zu kontrollieren.

Wer einmal eine Reihe von Sätzen mit dem Ausdruck »Ehrgeiz« bildet und sie vor sich hin spricht, wird bemerken, dass Ehrgeiz dem heutigen Sprachgebrauch folgend scheinbar etwas Gutes oder Schlechtes sein kann – ganz und gar abhängig davon, worauf er sich richtet. Diese Ansicht findet sich auch schon in allgemeinen Lexika, die um die Wende zum 20. Jahrhundert erscheinen. Auch zeigt sich, dass Gelingen und Erfolg mit Ehrgeiz eng verbunden zu sein scheinen, ebenso wie eine Angst vor Misslingen und Versagen.

Zum Ende dieser Philosophie müssen wir uns aus diesen nicht ganz wahren und nicht ganz falschen Vagheiten herausarbeiten. Die Erkenntnis des zentralen Krankheitsbildes, der Pathologie unseres Zeitgeistes, hängt davon ab, dass wir die Begriffe der Ehre (im Sinne von Ansehen oder Status) und des Ehrgeizes von der systemtreuen Folklore befreien, die ihnen anhängt. Ehre und Ehrgeiz müssen zusammen analysiert und interpretiert werden – denn sie stehen in einem Wirkungszusammenhang, der ebenso in unserer Geschichte wie in der Sache selbst begründet ist.

Die Leere der Ehre

Im Kapitel zur Ordnung des Ansehens sahen wir, wie die Koordinations-Disziplin des gegenseitigen Ehrerweises in Zeiten weltanschaulicher Uneinigkeit Ordnung stiftet: Das Spiel um den Ehrbegriff ist die sittliche Realität der Neuzeit; unser »Verfassungsritual« ist der Ehrerweis, den wir als einen steten Tribut unseres Denkens und Tuns an das vermutete Wollen der Anderen auffassen können. Darin drückt sich der Grundsatz moderner Staatlichkeit aus, dass mein Wille im Prinzip genauso der Souverän der Welt ist wie der jeder anderen Person, denn der menschliche, nicht der göttliche Wille liegt den Texten unserer Verfassungen zugrunde.

Wir leben als Verwalter, Gestalter, Propagandisten und auch als die Freud- und Leidtragenden unserer persönlichen Ehre. Zugleich sind wir die Ermutiger und die Kritiker aller anderen, deren Status wir durch unsere Aufmerksamkeiten bestätigen. So gestalten wir unsere soziale Existenz weitgehend berechenbar füreinander. In diesem Balanceakt vieler Einzelner miteinander und in immer wechselnden Ensembles von Akteuren dreht es sich aber um einen *leeren* Gegenstand.

Das goldene Kalb, um das wir tanzen, ist eine Pappattrappe. Das ist in den Kapiteln über die Ordnung des Ansehens und die scheinbare Erlösung, die Erfolg und rationale Arbeit uns versprechen, schon angeklungen. Wir sprachen da zum Beispiel von der inneren Haltlosigkeit zum Funktionär verkümmerter Menschen, deren Pragmatismus keine Grenzen kennt und die im Prinzip für jeden Zweck mobilisierbar sind.

Am Grunde der Leere des Selbst eines eifrigen Funktionärs liegt die moralische Leere der äußeren Ehre – des Ansehens, des Kredits und des Status in den Augen anderer. Die Tragik des eifrigen Funktionärs ist, dass er versucht, sich selbst durch (Über-)Erfüllung fremder Erwartungen und Zweckvorgaben zu jemand Bestimmtem zu machen; in Wahrheit wird er dabei jedoch mehr und mehr zu einem Niemand: zu einem »Mann ohne Eigenschaften« (Robert Musil), dafür aber mit ausgefeiltem Gehorsamsinstinkt.

Die Inhaltslosigkeit der äußerlich verstandenen Ehre lässt sich erfassen, wenn man sich für einen Moment auf einen anscheinend sehr fernliegenden Gegenstand einlässt – und über das Wetter nachdenkt. Die Bewegungen der Winde und Wolken, die Entstehung und der Abbau von Luftfeuchtigkeit, das Wechselspiel von Hoch- und Tiefdruckgebieten usw. – das ist das Wetter, der tatsächliche Zustand unserer Atmosphäre. Dieser tatsächliche Zustand entscheidet über Ernte oder Missernte, laues Lüftchen oder Wirbelsturm. Der Wetter*bericht* dagegen ist nicht selbst das Wetter: Er ist unser Sprechen über das Wetter, wie wir es verstehen und wie wir seine Entwicklung vorhersagen.

Die Ehre einer Person und ihre tatsächliche moralische Qualität verhalten sich nun genau so zueinander wie Wetterbericht und Wetter. Die Rede von Ehre reflektiert, mal klar und mal ungefähr, die in einer Gesellschaft *tatsächlich* akzeptierten moralischen und rechtlichen Regeln. Der Status, den eine Gesellschaft einer Person zugesteht, hängt allein von diesen Regeln ab und besagt nichts über die tatsächliche moralische Qualität dieser Person.

Der in der geteilten Sprache verankerte Ehrbegriff spiegelt den akzeptierten Standard einer Gesellschaft; er ist ihr moralischer Wetterbericht. Er sagt uns nur, wie sich die Gesellschaft Gut und Böse, Recht und Unrecht tatsächlich gerade vorstellt – und wofür ihre Mitglieder sich deshalb gewöhnlich gegenseitig loben oder tadeln. Dem realen Wetter entspricht in dieser Analogie die wirkliche moralische Qualität des Geschehens in einer Gesellschaft.

Was geschieht *eigentlich* bei uns – ganz unabhängig davon, wie unser nun mal etablierter und eingewöhnter Ehrenkodex es nennen würde? Ist zum Beispiel das, was unser angewöhnter Ehrbegriff als persönliche Leistung und eigenes Verdienst bestimmt, nicht *eigentlich* vor allem die vorhersehbare Auswirkung unverdienter, auf materieller Ungleichheit beruhender Privilegien Einzelner? Oder ist die Professionalität nicht *eigentlich*, wie wir zuvor argumentiert haben, bloß strukturierte Gedankenlosigkeit zum Erhalt des industriellen Systems?

Dieses »eigentlich«, also das »Moment mal!«, das derjenige geltend macht, der es ausspricht, ist nur dann wirklich zu halten und aufzuklären, wenn sich der Sprecher auf seine Wertvorstellungen beruft. Denn diese geben ihm den Maßstab, nach dem er einen Einspruch gegen das tatsächliche Denken und Tun, also den aktuellen Ehrbegriff seiner Gesellschaft, geltend macht. Seine Wertvorstellungen sind es, die ihm die Kraft zu dieser moralischen Intervention geben, mit der er will, mit der er ausdrückt, dass die Dinge anders werden sollen, als sie sind.

Umkreisen wir diesen grundlegenden Unterschied von Ehre und Moral noch ein wenig mehr, um uns an ihn zu gewöhnen – denn unser Aufwachsen in der Ordnung der Ehre gewöhnt uns diese Unterscheidung ab und wir müssen sie deshalb neu erlernen. Von Ehre oder Schande in unserer Gesellschaft sprechen heißt, eine Art Umschau halten und sagen, was wir wie zu bewerten *gewohnt sind*. Es heißt, den moralischen Wetterbericht geben.

Und so sagen wir dann manchmal uns selbst, öfter und lieber aber jemand anderem, dass er im Regen oder auf der Sonnenseite steht. Diese Zuschreibung oder Absprechung von Ehre, Lob und Tadel also, ist die *Anrufung* bestehender moralischer oder rechtlicher Normen. Wenn wir dieses Mittel einsetzen, können wir andere und uns selbst disziplinieren, jedenfalls insoweit die Anderen und wir selbst diese Regeln und Normen fürchten. Die Bestätigung oder Schmälerung von Ansehen und Status ist aber *nicht selbst* schon Ausdruck einer eigenen Wertvorstellung, so wie der Wetterbericht *nicht selbst* das Wetter ist.

Spricht man ein Lob oder einen Tadel aus, so kann man diesen nur begreiflich machen, indem man sofort auf diese oder jene konkrete Wertvorstellung verweist, die in der Gesellschaft gerade moralisch oder im Rechtssystem akzeptiert ist. Nur mit diesem Verweis wird klar, was gemeint ist, wenn der Betreffende kritisiert oder gelobt wird. Für sich genommen, auf sich allein gestellt, ist das Sprechen von Ehre oder Schande *normativ* nicht bedeutsam; es bedarf immer des Hinweises auf eine etablierte Norm, um solchen Äußerungen inhaltliche Substanz zu geben. Der Ehrbegriff selbst ist leer.

Im gewohnten Loben und Tadeln, im Statuskampf innerhalb einer Gesellschaft kann man den falschen Eindruck gewinnen, eine moralische Diskussion zu führen – d. h. *eigene* Wertvorstellungen zu erklären, sie begutachten und kritisieren zu lassen – und auf diese Kritik vom eigenen Wertstandpunkt zu reagieren. Das ist eine Verwechslung. Es ist moralisch und rechtlich für sich genommen bedeutungslos, jemanden als Mensch oder manche seiner Handlungen als ehrenhaft oder schändlich zu bezeichnen, sie zu loben oder zu tadeln – denn damit ist nur gesagt, dass die etablierten, akzeptierten Wertvorstellungen der Gesellschaft sein Verhalten gutheißen oder ablehnen. In das für unser ganzes Leben entscheidende Gespräch darüber, welche Wertvorstellungen die *richtigen* sind, ist man damit noch nicht eingetreten.

Um eine vorher eingeführte Ausdrucksweise noch einmal aufzugreifen: Ehrdiskussionen bewegen sich im *einfachen Denken und Tun* der Gesellschaft, mit dem sie ihre etablierten Standards und Machtstrukturen aufrechterhält; sie bewegen sich nicht im Bereich des *Nachdenkens und Handelns*, in dem Einzelne und Gesellschaften ihre Wertvorstellungen bewusst selbst festlegen und dann ihr Tun an diesem Maßstab messen. Die ganze Ehrdiskussion ist *rational* im Sinne der etablierten Werte und Normen, aber noch nicht *vernünftig* in dem Sinne, dass die Frage nach den *richtigen* Wertvorstellungen gestellt und beantwortet wird.

Die Verwechslung dieser Ebenen unseres praktischen Lebens ist folgenschwer; sie ist das kulturelle Herz der Dunkelheit aus schaler Routine, unverschämter Gleichgültigkeit und Effizienz, die unsere industrialisierte Zivilisation (neben allerhand materiellem Wohlstand und Umweltzerstörung) in die Welt getragen hat. Denn wer meint, schon moralisch einwandfrei zu handeln, indem er einfach die erlernten Anweisungen seiner Gesellschaft ausführt und dabei möglichst viel für sich einheimst, der kennt den Unterschied von rationalem Tun und vernünftigem Handeln, von Erfolg und moralischem Wert nicht.

Auf einen solchen Menschen kann man sich verlassen: Er wird immer mittun, was gerade getan wird, denn er kennt nichts anderes und weiß auch nicht, wie man im Nachdenken eine Alternative dazu entdecken und dann selbst handeln könnte. Für jeden, der aus sich selbst und als Bürger aus seiner Gesellschaft etwas Besseres machen will, ist die Verwechslung von Ehre und Moral verhängnisvoll. »For those of us who care«, für diejenigen unter uns also, denen nicht alles gleich ist, wie Chris Hedges es in seinen Reden wider die amerikanische Oligarchie auszudrücken pflegt.

Ehrgeiz ist pseudomoralischer Wahnsinn

Die Industriegesellschaft hakt sich in unser Seelenleben ein. Sie macht sich den auf Ansehen und Status, auf die äußere Ehre zentrierten und deshalb *außer sich umherblickenden* Menschen durch seinen Ehrgeiz untertan. Unser Ehrgeiz ist das Geschirr, in das wir eingespannt werden und über dessen (mehr oder minder) gepolsterten Riemen wir dann den Karren des industriellen Betriebs ziehen. Die Athleten und Asketen dieser Konformierung, die sich voll Eifer und Entschlossenheit ins Joch werfen, sind die Ehrgeizigen. Ehrgeiz ist die Leittugend der Industriegesellschaft und auch – wie wir noch sehen werden – ihre charakteristische Form des Wahnsinns.

Die ständige Empfehlung des Ehrgeizes und unsere Schulung in seiner Logik haben systematische und zugleich sehr praktische Gründe. Die Arbeitswelt benötigt zu ihrem Betrieb und Fortbestand Funktionäre als Mitarbeiter und Vorgesetzte. Der Ehrgeizige ist in beiden Rollen die optimale Besetzung – denn er ist auf die Erlösung durch institutionell veranstalteten Erfolg mehr als alle anderen angewiesen und ist deshalb konform, eifrig und dienstbeflissen. Die Welt aus Arbeitswelten erweist sich bei genauem Hinsehen geradezu als das Reich des Ehrgeizes und als die Regierung der Ehrgeizigen.

Was genau ist also Ehrgeiz? Ehrgeiz ist das planvolle und eifrige Ringen um Anpassung an externe Erwartungen, also an das, was die Anderen (angeblich oder vermutlich oder tatsächlich) von mir wollen, bevor sie bereit sein werden, mir den Erfolg zuzugestehen, den sie zu verteilen haben. Ehrgeiz ist die planvolle Optimierung des Bildes anderer von meiner Person – aber nicht ihres Bildes von mir im Sinne *meiner eigenen* Wertvorstellungen, sondern im Sinne der Wertvorstellungen, die *ich ihnen* unterstelle. Anders ausgedrückt: Der Ehrgeizige will so erscheinen (vielleicht gar so *sein*), wie die anderen ihn gerne hätten.

Dem Christen geht es darum, mildtätig seine Nächsten zu lieben. Dem *ehrgeizigen* Christen geht es darum, dass alle anderen *bemerken* mögen, wie sehr und wie mildtätig er seine Nächsten liebt. Deshalb stellt er es nach außen in der Kirchengemeinde mit viel Aufwand in einer Weise dar, die er für beifallsträchtig hält; im Betrieb wird er dann nach demselben Muster sicherstellen wollen, dass sein Chef bemerkt, wie sehr er *gerade ihn* liebt. Der Inhalt wird der äußeren Form untertan gemacht und je nach der Stärke ehrgeiziger Motive im Einzelnen hintangestellt.

Ehrgeiz ist der Name für einen nie zu gewinnenden Kampf, den Anspruch der Anderen an mich *ihrer Ansicht nach* zu erfüllen. Die Sorge des Ehrgeizigen um seinen Status ist Selbstbeschäftigung mit den Anderen, sie ist eine letztlich traurige Angelegenheit. Denn diese Sorge ist auf die Anderen gerichtet, sie will in ihr Denken und Fühlen eindringen und ist in diesem Sinne menschlich zugewandt und interessiert.

Eine Verbindung von Mensch zu Mensch wird aufgebaut, aber nicht um wirklich zusammenzukommen und im Sinne gemeinsamer Werte etwas auszurichten oder einander zu stützen. Die Verbindung wird vom Ehrgeizigen in grundsätzlich manipulativer Absicht hergestellt. Man will von den Anderen etwas bekommen, man will ihre Bestätigung und ihre Zustimmung, auch die materiellen Trophäen des Erfolgs; man will seinen Ehrgeiz befriedigt sehen und saugt gewissermaßen an der Gegenwart der Anderen, um seinen Durst zu stillen.

Aber gerade diese Befriedigung ist unmöglich, aus mehreren Gründen. Zunächst ist Ehrgeiz ablenkend und kommt in der Praxis oft einer Selbstsabotage gleich. Der Ehrgeizige ist in einem Bewusstseinszustand, der nie gestattet, einfach da zu sein, wo er ist, und das zu leisten, was er beabsichtigt; vielmehr stehen die Ehrgeizigen stets zugleich neben sich und verteilen Haltungsnoten an sich selbst im Namen vermutlich so-oder-so denkender Anderer. Das geistige Auge des Ehrgeizigen will immer das Auge des Anderen sein, will dessen Perspektive einnehmen, um sein Stellungsspiel und Wirkungskalkül zu betreiben.

Es mindert nicht nur die objektiven Erfolgsaussichten, seine Aufmerksamkeit derart zweigleisig zu handhaben; es ist auch anstrengend. Ein ständig mitlaufendes Statuskalkül muss der gewöhnlichen Wahrnehmung unserer Umwelt künstlich aufgesetzt werden. Montesquieu weist darauf mit einer simplen Beobachtung treffend hin: »Der geringste Gegenstand, der auf unsere Sinne wirkt, vermag uns die verzehrenden Gedanken an den Ehrgeiz zu nehmen.«

Noch ein anderer, rein äußerlicher Umstand vereitelt den Ehrgeizigen ihre Absicht. In einer Massengesellschaft sind buchstäblich in jedem Moment andere »die Anderen«, von denen der Ehrgeizige seine Seelennahrung ziehen will. Der Statusgewinn, den der Porschefahrer bei seinem Nachbarn anstrebt, ist schon in dem Moment vollkommen verloren, in dem er eines Abends in der Nachbarstraße parken muss – denn dort kennt ihn schon niemand mehr und seine Statuswerbung geht in die Fremde. Man sieht dann nicht Nachbar Manfred seinem Markenwerbungsgerät entsteigen, den erfolgreichen Arzt und Investor, sondern man sieht einen auf jugendlich machenden Mittfünfziger mit einem Posenüberschuss. Selbst das große Endziel vieler Ehrgeiziger, die Prominenz oder allgemeine Berühmtheit, ist tatsächlich nur »der Vorzug, denen bekannt zu sein, die einen nicht kennen« (Nicolas Chamfort). Man beginnt im Statuskampf wie Sisyphos mit seinem Stein stets wieder neu vom Nullpunkt, mit jeder neuen Situation, in die man gerät.

Das erklärt auch die ausgemergelte Physis der allerehrgeizigsten Personen und ihre Süchte, mit denen sie sich auf Kosten ihrer Gesundheit einen eingebildeten Ausgleich in den Alltag einbauen. Insgesamt sind die »Wohlstandskrankheiten«, die wir uns in dieser Ordnung zuziehen, eigentlich Notstandskrankheiten – Sinn-Notstandskrankheiten. Was bleibt übrig, wenn wir überreichliches Essen, hypnoseartige Unterhaltungsorgien (»Binge-Watching«) und zwangsentleerte Sonnentage (»Urlaub«) subtrahieren?

Wir können bei den Genüssen des Essens, Trinkens, Rauchens, der Unterhaltung und der Sexualität nicht gut maßhalten. Erst beherrschen wir uns, um eine sinnbeschränkte Arbeit professionell auszuführen und unseren Status entsprechend zu pflegen. Dann sind wir bewusst unbeherrscht im Genuss – vielleicht weil wir irgendwie spüren, für diese mühselige Dauerproduktion einer Illusion eine »Belohnung« zu verdienen; vielleicht auch, weil wir abseits des gewerblichen Konformismus beim Gelderwerb nichts mehr kennen, um dessentwillen es sich zu beherrschen lohnte; vielleicht aus all diesen Gründen.

Ehrgeiz beinhaltet also die Veräußerung meines eigenen Werturteils über die Dinge an andere. Anstatt selbst zu bewerten, frage ich mich, wie die anderen die Sache wohl einschätzen werden, und ich richte mich dann nach dieser Vermutung. Das ist, in jedem ehrgeizigen Augenblick für sich genommen, die Aufgabe meines eigenen Urteils. Damit aber wird das eigene Leben kurzgeschlossen, das in der Arbeit an sich selbst im Lichte der Erfahrung besteht.

Das Werkzeug dieses Handwerks, unseres Lebens, ist unser vernünftiges Nachdenken, bei dem wir nicht nur erkennen wollen, was allgemein akzeptiert ist, sondern mit dessen Hilfe wir für uns selbst entscheiden wollen, wofür es sich zu kämpfen lohnt. Ehrgeiz ist nicht der »Tod des Denkens«, wie Ludwig Wittgenstein sagt, sondern der Tod des *Nachdenkens* und deshalb das Ende des Menschen als moralische Person. Dies ist der Verrat am eigenen Selbst, von dem eingangs des Kapitels die Rede war.

Denn der Mensch kann ohne eigenes Nachdenken nicht er selbst sein, d. h. nicht als moralische Person existieren. Ohne vernünftiges Nachdenken ist er nur als Untertan aller herrschenden Verhältnisse, als Funktionär in der Welt. Deshalb ist Ehrgeiz das logische Gegenteil von Moralität, ihre Gegenmacht. Denn Moralität besteht ja gerade darin, aufgrund seiner eigenen Wertvorstellungen einen Einspruch gegen das gewöhnliche Denken und Tun dort auszuüben, wo man es für notwendig hält.

Wo sich rationales Arbeiten und ehrgeiziges Erfolgsstreben wie das richtige, das moralisch vertretbare oder gar lobenswerte Leben anfühlen und kein Mangel darin verspürt wird, da herrscht deshalb *pseudomoralischer Wahnsinn*. Wir halten eine eifrig betriebene Laufbahn für unser Leben und sind tatsächlich moralisch tot. Dieser Wahnsinn ist Ehrgeiz.

Daran hängt auch eine gesellschaftliche, eine politische Konsequenz. Ehrgeizige Personen sind innerlich dem Prestige und der Tatmacht der Gesellschaft und ihrer Repräsentanten *zugewandt*. Sie phantasieren sich in hohe Ämter und gieren nach Ruhm und Anerkennung. Sie sind deshalb von ihren eigenen Wertvorstellungen *abgewandt* (wenn sie überhaupt welche entwickelt haben). Deshalb unterliegt die ehrgeizige Person einer einzigartigen Ohnmacht; sie ist nicht nur moralisch unfähig, sich selbst zu verändern, sie ist auch politisch impotent.

Denn der Ehrgeizige kann das Funktionieren der aktuellen Gesellschaft nicht durch eigenes Handeln außerhalb der etablierten Sinnvorschriften gefährden, er kann seine Gesellschaft nicht verändern. Dies ist das erstaunliche Paradox des Ehrgeizes: Die ehrgeizige Person verliert ihre Macht über sich selbst und über die tatsächlichen Verhältnisse *nur dadurch*, dass sie sich ihnen so entschieden *zuwendet* und sich dabei von sich selbst abwendet. So starteten z. B. die Grünen mit Friedenspolitik und der Forderung nach Austritt aus der NATO; dann übernahm der Ehrgeiz der Funktionäre die Partei und die ehemaligen Sitzblockierer von Militärstützpunkten wurden zu Verfechtern des illegalen Jugoslawienkriegs.

Die sittliche Ohnmacht des Ehrgeizigen entspringt aus seiner Beflissenheit, die sozial vorgegebenen Denk- und Handlungsweisen strikt einzuhalten. Die sozial disziplinierende Wirkung des Ehrgeizes ist ungeheuer: denn Ehrgeiz ist Ausdruck der Aufgabe moralischer Reflexion. Insoweit also jemand ehrgeizig ist, ist er nicht als moralische Person anwesend, sondern als Untertan der herrschenden Verhältnisse bzw. Menschen. Der Ehrgeizige ist unfähig zur Gestaltung der Verhältnisse, aber optimal zu ihrem Betrieb geeignet. Er ist Funktionär. Der pseudomoralische Wahnsinn des Ehrgeizes ist das Betriebssystem einer Gesellschaft von Funktionären.

Das übliche Verhängnis

Die angebliche Tugend des Ehrgeizes bei sich kultivieren heißt deshalb, die soziale Eintrittskarte in unsere Zweckanstalten lösen und den für uns vorgesehenen »Aufstieg« entlang der unterschiedlichen Laufbahnen beginnen. Der Ehrgeizige ist der Eiferer des Konformismus und der willige Vollstrecker des herrschenden Prinzips. Mit einem solchen Verwalter, der sich ganz und gar der Fortschreibung vorgefundener Formeln und Floskeln widmet und ihnen gedanklich nichts hinzufügen will, bleibt die Welt einfach, wie sie eben ist.

Ehrgeiz ist der für uns vorgesehene Weg zur inneren Leere, die grundlegende Sabotage der Entstehung eines stabilen, wertorientierten und deshalb widerstandsfähigen Selbst. Er ist das Programm zur Abschaffung von Menschen, die für sich selbst und ihre Gesellschaft das Bessere wollen und die deshalb den Status quo gefährden könnten. Die scheinbare Erfüllung, die Ehrgeiz gewähren kann, ist nur Erfolgsleere. Innere Ödnis im Erfolg sagt die ganze Wahrheit über die Industriegesellschaft.

Das Normalprogramm des Ehrgeizes aber, das übliche Verhängnis, bedeutet gute Geschäfte. Aufgrund ihres tatsächlich entmenschlichenden Prinzips benötigt und befördert die Industriegesellschaft eine spezielle Art des Konformismus, eine Pseudo-Individualisierung, die diese programmatische Leere aufzufüllen verspricht: ein immer delikateres Konsumverhalten. Produkte und Dienstleistungen werden industriell mit Blick auf vorher ermittelte Konsumententypen hergestellt. Der Konsument mit stark ausdifferenzierten Bedürfnissen ist deshalb ein perverses Konstrukt. Er wird als Typus höchster Individualität und Eigenwilligkeit dargestellt und verstanden; tatsächlich ist seine Gemütslage, in der er dieses oder jenes kaufen zu müssen meint, der tote Ausdruck einer gelungenen Manipulation.

Herbert Marcuse hat das gesehen und das Problem, zugegeben dramatisch zugespitzt, zusammengefasst: »Freie Auswahl unter einer breiten Mannigfaltigkeit von Gütern und Dienstleistungen bedeutet keine Freiheit, wenn diese Güter (…) die soziale Kontrolle über ein Leben von Mühe und Angst aufrechterhalten.« Das Denken und Fühlen des Konsumenten ist durchdrungen von statistisch ermittelten

Standardbegehrlichkeiten, und denen geht er nach. Bewusster, entscheidungsreicher Konsum simuliert Individualität dort, wo moralisch keine vorhanden ist – ironischerweise, und wie zum Hohn der eifrigen Konsumenten, durch heiß laufenden Konformismus. Das ist eine oberflächliche Entlastung vom modernen Alpdruck der Profillosigkeit und Verlorenheit, die der Ehrgeiz uns beschert. Diese Entlastung anzubieten ist systemnotwendig; die Allianz von industriellem Ehrgeiz und uferlosem Konsumismus ist eine Wahlverwandtschaft.

Die Begehrlichkeiten, denen der gute Konsument nachlaufen und nachkaufen soll, fasst der Begriff der Marke zusammen, der in vieler Hinsicht erstaunlich ist. Die Marke (»brand«) ist dasjenige an einem Produkt, was *nicht* das Ding oder der Dienst selbst ist. Sie ist das vom Hersteller bewusst gesteuerte Vermuten der Anderen über das Ding oder die Dienstleistung, und diese Markenbildung ist von Beginn an ein im Großen unsinniges und im Detail betrügerisches Unterfangen. Im Großen ist es unsinnig, weil die Vervielfältigung von Produkten und Dienstleistungen mit dem gleichen Nutzwert, die Markenbildung erst nötig macht, volkswirtschaftlich gesehen Verschwendung ist.

Zu der Verteidigung dieser Praxis im Namen des Wettbewerbs, aus dem doch allein Fortschritt und Weiterentwicklung herstamme, ist nur Eines zu sagen: Psychologen wissen längst, dass nichts Menschen mehr Stress bereitet und nichts sie unglücklicher macht als Wettbewerb. Innovation entsteht, wenn Leute vernünftig und ungezwungen nachdenken und solidarisch zusammen handeln dürfen, und nicht wenn sie in einem Überbietungskampf der Äußerlichkeiten aufeinandergehetzt werden.

Ich sagte auch noch, dass Marketing in den Einzelfällen bestimmter Produkte und Dienstleistungen ein betrügerisches Unterfangen ist. Denn es bräuchte die Marke nicht, wenn zwingende Gründe im Produkt oder der Dienstleistung selbst für ihren Erwerb sprächen – dann würde Information ausreichen, um Käufer zu finden. Nur wenn ein Produkt vernünftigerweise nicht von anderen Angeboten derselben Art unterscheidbar ist, weil der Nutzwert von allen Angeboten gleichermaßen erfüllt wird, braucht es überhaupt die Begründung einer Marke.

Deswegen sehen wir in Werbefilmen »Autos in den Weltraum abheben« (Noam Chomsky), statt dass wir schlicht über ihre Eigenschaften informiert würden. Die Marke ist die Eigenschaft des neuen Dreitagebart-Waschgels, die langmähnig-vollbusige Fotomodelle an meine Wangen zieht (oder, im Falle der neuen Wimpernvolumenbürste mit Goldstaubinfusion, verwegen-souverän dreinblickende Supersportler mit Supersportwagen an meinen Busen, je nach Geschlecht). Das Marketing produziert okkulte Nicht-Eigenschaften des Produkts, die dem potentiellen Käufer in betrügerischer Absicht als tatsächliche Qualitäten vorgeführt werden. Werbung ist ihrem Wesen nach sachlich grundlose Unterscheidung. Deshalb hört Werbung von selbst auf, wenn ein Produkt oder eine Dienstleistung konkurrenzlos ist. Es gibt keine Werbung des Wasserwerks. Man braucht keine Werbung, wenn niemand betrogen werden muss.

Das besondere Kunststück des Marketings, seine psychologische Vollendung, besteht darin, dass Menschen für ein Schild auf einem Hemd oder einen Schriftzug auf einer Uhr massive Aufpreise gegenüber gleich nützlichen Produkten bezahlen – um dann als Werbeträger dieser Unsinnserzeugnisse durch die Welt zu stolzieren. Der wohlerzogene Konsument bezahlt dafür, einen überhöhten Preis bezahlen und damit seinen Status darstellen zu dürfen. Die Schaufensterpuppen der Industrie kleiden sich auf eigene Kosten ein,

Das übliche Verhängnis

fühlen sich als Individualisten und werden nicht selten auch als solche behandelt.

In derselben Weise ist die »persönliche Marke«, deren Aufbau uns von den Konformismusgeistlichen der Karriereseiten großer Tageszeitungen und von schlechten Coaches gepredigt wird, das vom einzelnen Menschen bewusst gesteuerte Vermuten der Anderen über ihn selbst. Auch diese Marke ist, genau wie der aus Massenware zusammengekaufte »Stil« des Konsumindividualisten, eine Individualität ohne Leben, wie das ganze Dasein einer bloß ehrgeizigen Person. Das Marketing ist die soziale Version genau der Aushöhlungspraxis, die der Ehrgeiz im Leben des Einzelnen darstellt.

Die Industriegesellschaft, das Reich des Ehrgeizes, ist der Raum einer moralisch bedenkenlosen Pragmatik der Funktionäre. Die Vorgesetzten definieren die Professionalität ihres Bereichs ohne Bezugnahme auf die Wirklichkeit, nur mit Blick auf die »Arbeitswelt« ihrer Institution. Die Funktionäre exekutieren diese Professionalität. Ihr Ehrgeiz treibt beide Seiten dabei voran und hält sie vom Nachdenken ab.

Vorgesetzte und Mitarbeiter, zwei Typen von Funktionären, verhüllen sich gegenseitig ihren moralischen Ausverkauf an den Betrieb mit dem perversen Kult der professionalisierten Menschlichkeit, mit ihrer Pseudomoral des Erfolgs und ihrer Pseudovernunft der Rationalität. Wer genug Nachdenklichkeit hat, um eine Ausrede zu suchen, summt dabei das tröstliche Lied vom Relativismus vor sich hin, dessen Refrain lautet: »Jeder hat seine eigene Wirklichkeit! Keiner hat Recht! Aber jeder hat eine Perspektive!« Das Ergebnis dieses Totentanzes war der moralische Bankrott unserer Ordnung in den Massenverbrechen der letzten Jahrhunderte und kann im nächsten Schritt der ökologische Ruin unseres Planeten sein.

Ehrgeiz und Erstarrung

Das leere, auf rationale Arbeit und Erfolgsstreben standardisierte, von der Konsumroutine eingesponnene Selbst vieler Einwohner der Industriegesellschaft kann keinem Denken und keinem Tun widersprechen. Es verhält sich neutral zu allem, lässt alles gewähren, hält nichts auf und fördert nichts außer das Gewohnte. Die Leere des ehrgeizigen Arbeitens, seine moralische Nichtigkeit, ist der entscheidende Grund des gewohnten Gangs der Dinge überall. Haben wir also am gewohnten Gang der Dinge, an uns selbst und an unserer Gesellschaft etwas auszusetzen, so müssen wir den Ehrgeiz ablegen. Alles beginnt mit aufklärendem Nachdenken, mit Wissenwollen, was eigentlich mit uns ist. Dann können wir fragen, was werden soll, und unser Leben beginnen.

Überheblichkeit ist bei dieser Bemühung fehl am Platz. Die professionell agierenden Funktionäre, die wir selbst sind und mit denen wir bei der Arbeit umgehen, sind genau wie wir selbst als *ganze moralische Personen* zu betrachten – denn wir können in niemanden hineinsehen und schulden deshalb jedem erst einmal diesen grundlegenden Respekt. Auch die polemisch zugespitzten Passagen dieses Buchs wollten nie behaupten, dass die Strukturen, in denen jemand steckt, ihn ausweglos auf etwas festlegen, ihn vielleicht gar in eine pathologische Charakterform *hineinzwingen*.

Eine solche Behauptung wäre Arroganz im negativen Sinne, und sie widerspräche dieser Philosophie. Wir haben ja gerade argumentiert und laufend betont, dass wir durch unser Nachdenken immer über die Verhältnisse hinaus sind, in denen wir existieren – dass wir uns selbst und unsere Verhältnisse prinzipiell immer ändern können. Warum hätte ich sonst dieses Buch schreiben sollen, und warum hätten Sie es lesen wollen?

Zugleich ist nach unserem Gedankengang von acht Kapiteln aber klar, dass wir uns in der Arbeitswelt kaum ungehindert als moralische Personen entfalten können. Die Strukturen wirken dem entgegen. Wo wir uns selbst und andere in rationaler Arbeit und Konkurrenz um Erfolg erschöpfen, da ist keine Menschlichkeit. Sie ist nur dort zu finden, wo wir uns in Anteilnahme und vernünftigem Austausch begegnen und gemeinsam versuchen, das Bessere für uns und unsere Gesellschaft zu verwirklichen. Denn das sind die eigentlich menschlichen, nicht bloß funktionalen Tätigkeiten; sie allein sind tatsächlich auf die Wirklichkeit gerichtet – und nicht bloß pragmatisch im Sinne anonymer, partikularer Zwecke.

Wir müssen deshalb in unserem Leben Räume suchen und für uns ausgestalten, in denen dieses eigentlich menschliche Miteinander im Mittelpunkt steht. Wie diese Lebensräume aussehen können, hängt vom Einzelnen ab. Es gibt deshalb in der philosophischen Tradition keine allgemein tauglichen Lehren darüber, was wir mit unserem Leben anfangen sollen. Genauso wenig liefert uns die Philosophie das eine, unstrittige Bild der gerechten Gesellschaft, die wir gemeinsam zu errichten hätten. Aber es gibt dort wertvolle Hinweise darauf, wie uns die Kultivierung von eigenen Lebensräumen gegen die Widerstände und den Konformismusdruck der Gesellschaft gelingen kann. Von einem Ansatz dazu habe ich, so gut ich es verstehe, in den Kapiteln über Philosophieren als das Handwerk des Lebens und über Moralität und Anpassung gesprochen.

Es verkennt die Sache jetzt einfach zu schließen: »Ach so, Andrick empfiehlt uns ein bisschen innere Einkehr und politisches Engagement nach Feierabend!« Das ist nicht falsch und beides schadet nicht, aber tatsächlich empfiehlt Andrick eine weiter reichende Einsicht. Nur die Gemeinschaft mit anderen, die dieselben Werte teilen, eröffnet uns eine Tätigkeit, die uns als ganze Menschen anspricht und lebendig werden lässt.

Erlebnisse eines solchen gemeinsamen Strebens gibt es in unseren diversen Betrieben durchaus – wenn wir an der richtigen Stelle sind und an etwas arbeiten können, das wir als sinnvoll und hilfreich für alle empfinden. Aber diese beglückende Gemeinschaft mit anderen bleibt instabil und wird ständig von den verzerrenden Einflüssen des industriellen Betriebs bedroht, um die es in diesem Buch ging. Die Erwerbsarbeit allein ist in den meisten Fällen eine schwankende und letztlich zu schmale Basis für ein gelingendes Leben.

Das ist die tiefere Klugheit, die hinter einem freiwilligen Engagement für Zielsetzungen steht, die über unser eigenes Schicksal hinausreichen und die wir deshalb mit anderen solidarisch teilen können. Und die Lebenserfahrung, dass diese Einsicht trägt, wird ein solches Engagement auch dauerhaft antreiben. Denn den individuellen Erfolg, um den sich das allgemeine Wettrennen dreht, haben wir nur, insofern wir ihn anderen voraushaben. So trennt uns dieser Wettlauf von den anderen, und deshalb ist auch eine erfolgreiche Laufbahn als solche noch kein erfüllender Lebensweg. Erfüllung finden wir als Menschen nur, wenn wir an anderen Anteil nehmen und mit ihnen das Beste für unsere Gemeinschaft zu verwirklichen suchen. Aus diesem Grund führt ein aufgeklärtes Leben in öffentliches Handeln, in die Politik.

Der eigene Ausweg

Dieser letzte Abschnitt wird kurz. Denn ein Mensch, der sein Leben nach eigenen Wertvorstellungen führen will, benötigt keine schematischen Belehrungen darüber, was er zu tun hat. Sein Leben besteht ja gerade in der Bemühung, dies für sich herauszufinden und nach seinen Einsichten zu handeln. Hier »Rezepte« anbieten zu wollen, könnte bloß in moralinsaures Predigen auslaufen. Geboten ist am Ende Respekt vor Vielfalt und Individualität, nicht »philosophische Belehrung«. Jeder Ausweg aus der Erfolgsleere ist ein individueller, ein persönlicher Weg.

Deshalb möchte ich mit einer vorsichtigen Überlegung schließen, die am Rande einer Schamgrenze liegt und die dem Weiterdenken des Lesers vielleicht gerade deshalb einen Ansatzpunkt bieten kann. Am Ende muss es hier, wie im Leben überhaupt, um *Liebe* gehen. Das klingt am Schluss eines Buchs über Moral, Gesellschaft, Institutionen, Ehrgeiz und anderes mehr vielleicht überraschend. Wir sprechen gewöhnlich nur in der Religion und in Beziehungen von Liebe; stets nur in Situationen, die wir als privat, höchstpersönlich und intim ansehen.

Außerdem ist das Wort »Liebe« schal und die dahinterstehende Erfahrung undeutlich geworden, weil seit langer Zeit alles, was man uns verkaufen will, für uns so drapiert wird, dass es ein wenig der Kraft und Bedeutung der Liebe für sich mobilisieren und in Umsatz umsetzen soll. Wer außerhalb der Intimsphäre von »Liebe« und »Leidenschaft« zu uns redet, der tut das oft anlässlich der Markteinführung des neuesten Lippenstifts oder Sportwagens und ist deshalb zu Recht verdächtig.

Die Folge ist, dass das Entscheidende an der Liebe erst aus dem Blick und schließlich auch aus dem Bewusstsein rücken kann: dass es zu unserem Seelenhaushalt gehört, zu lieben – genauso, wie es zu ihm gehört, uns vor manchem zu ängstigen und über anderes nachzugrübeln. Liebe ist in diesem Sinne nicht allein die ekstatische, schubhafte Ausnahme unseres Lebens – wie die Verliebtheit zweier Menschen oder die Umarmung unserer Kinder. Liebe ist die entscheidende Kraft unseres Innenlebens und unseres Verhältnisses zur Welt.

Ich kann nicht erklären, was Liebe ist, aber ich weiß es dennoch – wir wissen es. Liebe lässt sich beobachten. Wir lieben das, wofür wir kämpfen, wozu wir uns unbedingt bekennen. Sie zeigt sich in der bedingungslosen Loyalität und Zuwendung zum Partner und den eigenen Kindern; aber sie zeigt sich auch an den Wertvorstellungen, die wir mit aller Macht verwirklichen wollen. Wir lieben *nicht* unbedingt das, wofür wir »zu kämpfen bereit« oder »zu kämpfen entschlossen« sind; das könnten auch bloße Lebenslügen oder Politikerphrasen sein, aus denen im Ernstfall dann überhaupt nichts folgt außer der dürre Hinweis, man »hat jetzt eben Verantwortung für eine Familie« oder »die Situation ist jetzt eben anders«.

Wir lieben nur das wirklich, wofür wir *tatsächlich* kämpfen – wofür wir Risiken eingehen und unser unmittelbares Wohlergehen hintanstellen, wofür wir Schritte ins Ungewisse und Gefürchtete wagen und Leid in Kauf nehmen. Diese Sicht der Liebe bedeutet mir viel, und sie bedeutet auch viel für diese Philosophie. Nach meiner Auffassung offenbart nur unser Kampf um das Geliebte, wer wir wirklich sind. Sokrates trank den ihm von den Athenern verordneten Giftbecher aus, weil er tatsächlich im alten, griechischen Sinne ein »Liebhaber der Weisheit«, ein Philosoph war: Er hätte nur um den Preis der Uneinigkeit mit seiner eigenen Einsicht weiterleben können, also nahm er den Tod in Kauf.

Meine Eltern lieben die Freiheit, denn sie haben um sie gekämpft, als sie 1974 mit meiner Schwester und einigen Freunden in ein Schlauchboot stiegen, um der DDR-Diktatur über die Ostsee zu entkommen. Sie liebten die Freiheit um ihrer eigenen Würde willen, aber sie liebten und lieben sie auch um des würdevollen Lebens ihrer Kinder willen. Deswegen haben sie alles gewagt und ihr Leben daran gesetzt, in Freiheit zu kommen. Daher weiß ich, wer sie abseits der Routinen ihrer Arbeit, der Wechselfälle des Familienlebens und der Leiden des Alters *wirklich* sind.

Nicht jeder liebt die Weisheit oder die Freiheit, denn nicht jeder kämpft für sie. Das führt auf einen weiteren Gedanken, der zugleich der letzte und der erste dieser Philosophie ist. Spinoza hat ihn als junger Mann gefasst, als er – vielleicht verwundert und erschrocken über die Bodenlosigkeit seines Nachdenkens – notierte, unsere Begriffe von den Dingen könne man nicht als wahr oder falsch bezeichnen, »wie auch die Liebe nicht wahr oder falsch genannt werden kann, sondern nur gut oder schlecht«. Was ist gute Liebe, was schlechte? Wenn wir die Liebe eines Menschen daran erkennen, wofür er *tatsächlich* kämpft, dann können wir diese Frage auch anders formulieren: Wofür lohnt es sich zu kämpfen, und wofür lohnt es sich nicht?

Wir haben erklärt, warum so viele in der modernen Industriegesellschaft für ihre möglichst reibungsarme Einordnung in eine »Arbeitswelt« kämpfen: weil sie die Erwartungssicherheit eines konformen Daseins lieben; wir analysierten, warum so viele ehrgeizig für ihre Karrieren kämpfen (die sie also lieben); wir haben darüber nachgedacht, wieso manche für die Auffassung kämpfen, niemand habe jemals wirklich recht, sondern jeder habe stets nur eine unter vielen, gleichwertigen Meinungen: weil sie die verantwortungsfreie Seelenruhe des Relativismus lieben; schließlich fragten wir auch noch, warum so viele einen guten Teil ihrer Lebenszeit und ihrer Mittel zur endlosen Steigerung und Verfeinerung ihres Konsums drangeben: weil sie es lieben, die Erfahrung der Leere zu überspielen und den anderen ihren Erfolg vorzuzeigen, damit ihre Bewunderung sie aufrechterhalte.

Fragen wir uns also, wofür wir *tatsächlich* in unserem Leben gerade kämpfen, und seien wir ehrlich dabei. Dann sehen wir, wer wir jetzt sind, und wir können uns fragen, ob wir schon der Mensch sind, der wir für uns selbst und andere sein wollen. Dies ist die entscheidende Frage: Ist meine Liebe gut oder schlecht? Meine Antwort stellt mich an den Ausgangspunkt meines weiteren Lebens.

»Wir sind in unseren Arbeitswelten einem ganzen System der Beeinflussung und Steuerung ausgesetzt, das nicht mit der Wirklichkeit verwechselt werden darf.«

»Nur das, was sich angeblich *von selbst* versteht und was deshalb nicht diskutiert wird, hat uns wirklich vollkommen in seiner Gewalt. Und von dem her gedacht, was uns in seiner Gewalt hat, wird vieles andere dann klar. Eine solche *Selbstverständlichkeit* ist die Logik von Status und Ehrgeiz, die unser Verhalten ordnet. Ihre Allgegenwart erklärt unser spezielles neuzeitliches Verhängnis – und dass wir es nur schwer erkennen können.«

»Unser Kampf gegen die völlige Durchformung unseres Daseins durch die Karriere ist unser Ringen darum, keine Idioten zu sein.«

Wichtige Bücher

Adorno, Theodor W.: Minima Moralia. Reflexionen aus dem beschädigten Leben
Adorno, Theodor W. / Horkheimer, Max: Dialektik der Aufklärung. Philosophische Fragmente
Arendt, Hannah: Eichmann in Jerusalem. Ein Bericht von der Banalität des Bösen
Arendt, Hannah: Über das Böse. Eine Vorlesung zu Fragen der Ethik
Benn, Gottfried: Statische Gedichte
Blumenberg, Hans: Die Legitimität der Neuzeit
Burckhardt, Jacob: Weltgeschichtliche Betrachtungen
Burckhardt, Jacob: Die Kultur der Renaissance in Italien. Ein Versuch
Cassirer, Ernst: Die Philosophie der Aufklärung
Elias, Norbert: Die Gesellschaft der Individuen
Freud, Sigmund: Das Unbehagen in der Kultur
Herman, Edward S.; Chomsky, Noam: Manufacturing consent. The political economy of the mass media
Hochhuth, Rolf: Der Stellvertreter. Ein christliches Trauerspiel
Kant, Immanuel: Kritik der reinen Vernunft
Kracauer, Siegfried: Die Angestellten. Aus dem neuesten Deutschland
Kuhn, Thomas S.: The Copernican revolution. Planetary astronomy in the development of western thought
Lichtenberg, Georg Christoph: Aphorismen
MacIntyre, Alasdair C.: After virtue. A study in moral theory
Marcuse, Herbert: Der eindimensionale Mensch. Studien zur Ideologie der fortgeschrittenen Industriegesellschaft

Wichtige Bücher

Mulisch, Harry: Strafsache 40, 61. Reportage über den Eichmann-Prozess

Nietzsche, Friedrich: Also sprach Zarathustra

Nietzsche, Friedrich: Vom Nutzen und Nachteil der Historie für das Leben

Orwell, George: Animal farm. A fairy story

Pascal, Blaise: Gedanken. Über die Religion und einige andere Themen

Peuckert, Will-Erich: Die grosse Wende

Plato: Sämtliche Dialoge

Polanyi, Karl: The Great Transformation

Smith, Adam: An inquiry into the nature and causes of the wealth of nations

Spinoza, Benedictus de: Ethik in geometrischer Ordnung dargestellt

Weber, Max: Die protestantische Ethik und der Geist des Kapitalismus